基于劳动力迁移的城市规模增长研究

Research of Urban Scale Growth Based on Labour migration

王 宁 著

经济管理出版社
ECONOMY & MANAGEMENT PUBLISHING HOUSE

图书在版编目（CIP）数据

基于劳动力迁移的城市规模增长研究 / 王宁著. —北京：经济管理出版社，2017.12

ISBN 978-7-5096-5438-5

Ⅰ. ①基… Ⅱ. ①王… Ⅲ. ①劳动力转移—关系—城市建设—研究—中国 Ⅳ. ①F299.2

中国版本图书馆 CIP 数据核字（2017）第 257577 号

组稿编辑：宋 娜
责任编辑：许 艳
责任印制：黄章平
责任校对：董杉珊

出版发行：经济管理出版社
（北京市海淀区北蜂窝 8 号中雅大厦 A 座 11 层 100038）
网 址：www. E-mp. com. cn
电 话：(010) 51915602
印 刷：玉田县昊达印刷有限公司
经 销：新华书店
开 本：720mm×1000mm/16
印 张：14
字 数：230 千字
版 次：2018 年 1 月第 1 版 2018 年 1 月第 1 次印刷
书 号：ISBN 978-7-5096-5438-5
定 价：88.00 元

第六批《中国社会科学博士后文库》编委会及编辑部成员名单

序　言

博士后制度在我国落地生根已逾30年，已经成为国家人才体系建设中的重要一环。30多年来，博士后制度对推动我国人事人才体制机制改革、促进科技创新和经济社会发展发挥了重要的作用，也培养了一批国家急需的高层次创新型人才。

自1986年1月开始招收第一名博士后研究人员起，截至目前，国家已累计招收14万余名博士后研究人员，已经出站的博士后大多成为各领域的科研骨干和学术带头人。其中，已有50余位博士后当选两院院士；众多博士后入选各类人才计划，其中，国家百千万人才工程年入选率达34.36%，国家杰出青年科学基金入选率平均达21.04%，教育部“长江学者”入选率平均达10%左右。

2015年底，国务院办公厅出台《关于改革完善博士后制度的意见》，要求各地各部门各设站单位按照党中央、国务院决策部署，牢固树立并切实贯彻创新、协调、绿色、开放、共享的发展理念，深入实施创新驱动发展战略和人才优先发展战略，完善体制机制，健全服务体系，推动博士后事业科学发展。这为我国博士后事业的进一步发展指明了方向，也为哲学社会科学领域博士后工作提出了新的研究方向。

习近平总书记在2016年5月17日全国哲学社会科学工作座谈会上发表重要讲话指出：一个国家的发展水平，既取决于自然科学发展水平，也取决于哲学社会科学发展水平。一个没有发达的自然科学的国家不可能走在世界前列，一个没有繁荣的哲学社会科学的国家也不可能走在世界前列。坚持和发展中国特色社会主义，需要不断在实践中和理论上进行探索、用发展着的理论指导发展着的实践。在这个过程中，哲学社会科学具有不可替代的重要地位，哲学社会科学工作者具有不可替代的重要作用。这是党和国家领导人对包括哲学社会科学博士后在内的所有哲学社会科学领域的研究者、工作者提出的殷切希望！

中国社会科学院是中央直属的国家哲学社会科学研究机构，在哲学社会科学博士后工作领域处于领军地位。为充分调动哲学社会科学博士后研究人员科研创新的积极性，展示哲学社会科学领域博士后的优秀成果，提高我国哲学社会科学发展的整体水平，中国社会科学院和全国博士后管理委员会于2012年联合推出了《中国社会科学博士后文库》（以下简称《文库》），每年在全国范围内择优出版博士后成果。经过多年的发展，《文库》已经成为集中、系统、全面反映我国哲学社会科学博士后优秀成果的高端学术平台，学术影响力和社会影响力逐年提高。

下一步，做好哲学社会科学博士后工作，做好《文库》工作，要认真学习领会习近平总书记系列重要讲话精神，自觉肩负起新的时代使命，锐意创新、发奋进取。为此，需做到：

第一，始终坚持马克思主义的指导地位。哲学社会科学研究离不开正确的世界观、方法论的指导。习近平总书记深刻指出：坚持以马克思主义为指导，是当代中国哲学社会科学区别于其他哲学社会科学的根本标志，必须旗帜鲜明加以坚持。马克思主义揭示了事物的本质、内在联系及发展规律，是“伟大的认识工具”，是人们观察世界、分析问题的有力思想武器。马克思主义尽管诞生在一个半多世纪之前，但在当今时代，马克思主义与新的时代实践结合起来，越来越显示出更加强大的生命力。哲学社会科学博士后研究人员应该更加自觉地坚持马克思主义在科研工作中的指导地位，继续推进马克思主义中国化、时代化、大众化，继续发展 21 世纪马克思主义、当代中国马克思主义。要继续把《文库》建设成为马克思主义中国化最新理论成果宣传、展示、交流的平台，为中国特色社会主义建设提供强有力的理论支撑。

第二，逐步树立智库意识和品牌意识。哲学社会科学肩负着回答时代命题、规划未来道路的使命。当前中央对哲学社会科学愈加重视，尤其是提出要发挥哲学社会科学在治国理政、提高改革决策水平、推进国家治理体系和治理能力现代化中的作用。从 2015 年开始，中央已启动了国家高端智库的建设，这对哲学社会科学博士后工作提出了更高的针对性要求，也为哲学社会科学博士后研究提供了更为广阔的应用空间。《文库》依托中国社会科学院，面向全国哲学社会科学领域博士后科研流动站、工作站的博士后征集优秀成果，入选出版的著作也代表了哲学社会科学博士后最高的学术研究水平。因此，要善于把中国社会科学院服务党和国家决策的大智库功能与《文库》的小智库功能结合起来，进而以智库意识推动品牌意识建设，最终树立《文库》的智库意识和品牌意识。

第三，积极推动中国特色哲学社会科学学术体系和话语体系建设。改革开放 30 多年来，我国在经济建设、政治建设、文化建设、社会建设、生态文明建设和党的建设各个领域都取得了举世瞩目的成就，比历史上任何时期都更接近中华民族伟大复兴的目标。但正如习近平总书记所指出的那样：在解读中国实践、构建中国理论上，我们应该最有发言权，但实际上我国哲学社会科学在国际上的声音还比较小，还处于“有理说不出、说了传不开”的境地。这里问题的实质，就是中国特色、中国特质的哲学社会科学学术体系和话语体系的缺失和建设问题。具有中国特色、中国特质的学术体系和话语体系必然是由具有中国特色、中国特质的概念、范畴和学科等组成。这一切不是凭空想象得来的，而是在中国化的马克思主义指导下，在参考我们民族特质、历史智慧的基础上再创造出来的。在这一过程中，积极吸纳儒、释、道、墨、名、法、农、杂、兵等各家学说的精髓，无疑是保持中国特色、中国特质的重要保证。换言之，不能站在历史、文化虚无主义立场搞研究。要通过《文库》积极引导哲学社会科学博士后研究人员：一方面，要积极吸收古今中外各种学术资源，坚持古为今用、洋为中用。另一方面，要以中国自己的实践为研究定位，围绕中国自己的问题，坚持问题导向，努力探索具备中国特色、中国特质的概念、范畴与理论体系，在体现继承性和民族性、体现原创性和时代性、体现系统性和专业性方面，不断加强和深化中国特色学术体系和话语体系建设。

新形势下，我国哲学社会科学地位更加重要、任务更加繁重。衷心希望广大哲学社会科学博士后工作者和博士后们，以《文库》系列著作的出版为契机，以习近平总书记在全国哲学社会科学座谈会上的讲话为根本遵循，将自身的研究工作与时代的需求结合起来，将自身的研究工作与国家和人民的召唤结合起来，以深厚的学识修养赢得尊重，以高尚的人格魅力引领风气，在为祖国、为人民立德立功立言中，在实现中华民族伟大复兴中国梦的征程中，成就自我、实现价值。

是为序。

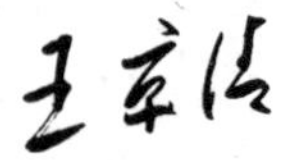

中国社会科学院副院长

中国社会科学院博士后管理委员会主任

2016 年 12 月 1 日

摘要

近年来，中国一些大城市屡屡提出控制人口规模的政策，政策却又屡屡失效，人口向一些大城市，尤其是向东部地区大城市迁移流动的势头并没有扭转。与此同时，中西部地区作为未来一段时期中国城镇化的主阵地，将进入城镇化的加速推进期，吸引人口回流是重要内容。目前国内也开始讨论东部地区向中西部地区的产业转移问题，希望通过产业的转移带动要素的西向流动。但是，是否实现了东部产业向中西部地区的转移就可以吸引劳动力的回流？从中国“五普”和“六普”数据来看，十年间流向东、中、西部几大区域的人口占比基本没有变化，60%以上集中于东部地区的城镇。国家统计局公布的2016年农民工统计监测数据表明，从输入地来看，东部（包含东北）地区务工农民工占总量的59.9%，超过中西部地区务工农民工占比总和19.8个百分点。虽然2011~2016年外出农民工增速持续回落，但务工人员向东部流动为主的格局仍未改变。以重庆为例，从2004年以来的数据观察，虽然因统计口径变化，其城镇化水平大幅提升，但重庆仍是一个户籍人口远大于常住人口的城市，是一个人口净迁出的城市。为什么中西部地区在吸引劳动力回流、促进城镇化的进程方面不顺利，而东部地区的城市，尤其是一些大城市及特大城市仍是吸引劳动力迁移的首选？在这些大城市人口不断膨胀以至于不断修正人口控制规模指标时，为什么这些控制政策又往往失效？重要原因之一是没有看到劳动力迁移与城市人口规模增长之间的关系，以及城市规模增长的内在机理。

自20世纪90年代中后期以来，中国的人口出生结构已经发生了根本性的转变，演变为低出生、低死亡、低自然增长的“三低”模式。在中国城镇化快速推进的过程中，城市人口规模（以户籍人口计算）自然增长率正变得稳定或为负。与此相适应，中国的迁移政策也在发生着导向性的转变。在这样的背景下，以劳动人口为主的迁移人口，即迁移劳动力已经成为中国城市人口规模增长的动力来源之一。可以说，从20世纪90年代中后期开始，尤其是进入21世纪以后，在城市人口自然增长率保持稳定的背景下，中国迁移劳动力人口已经成为不同区域城市人口规模增长的重要力量，也是中国城镇化的重要推动力和核心内容之一。值得注意的是，近年来，随着中国劳动力市场的发展，劳动力在迁移过程中其迁移动机已经悄然发生了转变；不再仅是以就业为导向的经济动机，还存在着生活、居住、自身发展等为导向的居住动机，这些迁移劳动力迁移动机的转变，必然会影响其对迁移目的地——城市的选择。

为了探究中国城市规模增长的机理，研究劳动力迁移与城市人口规模增长的关系，本书以集聚经济理论（主要是新经济地理理论）为基础，构建了基于劳动力迁移的城市规模增长模型，该模型为全书提供了一个理论框架。在该模型中，迁移决策将不仅仅取决于收入水平的提高，还在于总体效用水平的提升。考虑到满足个体效用提升的内容是多维度的，我们就可以将劳动力迁移的动机从单纯以就业为导向的经济动机向多元动机扩展。在放松劳动力同质性假设后，又推导出了人力资本集聚效应的假说。这样，包括劳动力迁移动机转变、人力资本集聚的溢出效应，以及城市对劳动力迁移吸引力存在差异在内的这些假说与推论，将统领全书的分析。

之后的实证部分，包含统计性描述及计量实证两大块，以完整地展现中国劳动力迁移与城市人口规模增长的关系。其中，本书第四章利用大量的统计数据及图表进行分析，结果表明，中国劳动力向城市的迁移存在着空间集聚的倾向，即向东部地区、大城市及特大城市集聚。另外，近年来，中国的劳动力迁移类型也在发生变化，已经从乡—城迁移主导转变为乡—城迁移为主、城—城迁移不断增长的局面，对于后者目前还缺乏深入研究。本书通过绝对规模与相对规模两个层面来分析中国城市规模增长的协调程度，结果发现，仅仅关注绝对城市规模增长可能会忽视中国城市规模增长过程中存在的一系列不协调性问题。第五章着重对本书的第一个假说进行论证，即迁移动机转变假说，该假说也是全书分析的微观基础。由于没有全国性的完整数据，我们利用农村入户调查数据进行验证。结果表明，确实存在着乡—城迁移过程中迁移动机转变的趋势。进一步，在第六章中，我们利用地级市数据，对城市规模增长过程中能够形成劳动力迁移吸引力的要素进行空间计量分析，以支撑第四章对宏观现状的描述。研究结果表明，城市中的多种因素，包括经济发展、就业机会、收入水平在内，以及教育资源、交通通信、医疗服务、城市人力资本结构、文娱设施及城市的行政等级等因素都会对劳动力的迁移选择产生影响。也就是说，劳动者在选择将哪个城市作为其迁移目的地时，将综合考虑除就业以外的多重因素。在中国当前城市发展差异较大的背景下，相较于中小城市及小城镇，大城市及特大城市不仅有更多的就业机会，其公共服务供给水平更高。因此，迁移动机转变的事实暗示着，在相关政策制度变革不大的前提下，迁移有可能对中国的城市规模增长起到极化效应，即大城市及特大城市会形成越来越多的人口聚集，如此循环累积，长期来看，可能诱发一系列的经济社会问题。

总之，在中国不同区域及城市间经济社会发展差异较大的背景下，假如其他条件不变，随着中国迁移劳动者的迁移动机由单一动机向多元动机的转变，通过循环累积效应，迁移可能会对中国的城市规模增长起到极化作用。应重视迁移劳动者迁移动机转变的事实及其可能带来的长远影响。另外，对于城市规模增长，应重视城市绝对规模与相对规模的协调，防止一系列不协调问题的发生及恶化。中国未来需要走集约、高效、绿色、生态的新型城镇化道路，为劳动力就近转移创造条件；需要相关政策制定者及城市管理者以人本服务为导向，尽量满足这些迁移劳动者多样化的需求，提高城镇化质量，促进人口、产业与生态环境资源承载能力相匹配、相协调，促进城市人口规模、经济规模、空间规模等的协调可持续发展。

关键词： 劳动迁移；迁移动机；城市人口规模；城市规模增长

Abstract

In recent years, some of the big cities and mega-cities have implemented population control policies, yet with no obvious effect. The central and western regions of our country will enter the accelerating period of urbanization. At present domestic scholars begin to discuss the industrial transfer of the eastern region to the central and western regions, hoping to drive the flow of economic factors across regions through industry transfer. But would labor backflow be induced as well as the industries being transferred? Compared with the data from the fifth and sixth national population census, the allocation proportion of the population flow among the eastern, central and western regions suggest slight change in a decade, with over 60 percent of the migrants in cities and towns of the eastern region. According to data from the NBS (National Bureau of Statistics): in 2016, the rural labors that choose the eastern region take 59.9% of the whole, the number is 19.8 points higher than that in the middle and the western regions. Take Chongqing for example. Chongqing belongs to the net out-migrate city type, with its registered population greater than the population of permanent residents according to official data from 2004, although the urbanization rate based on the population of permanent residents is higher than that based on the registered population. Why do the central and western regions fail to attract labor reflow, and the process to promote urbanization is not smooth, while cities in the eastern region, especially some large and mega-cities are still the priorities for migration choice? And why did the population control policies miss the target? One of the inmportant reasons lies in the lack of proper understanding of the relationship between the migrants and the urban population scale growth, and the inner mechanism of the urban population scale growth.

There has been a fundamental shift of the born population structure in our country, with an evolution of low birth, low death, and low natural growth. In the meantime, the natural urban population shows steadiness even negative growth characteristics. Migration, mainly labor population, has become the important power source to the growth of urban population scale. In short, from the 1990s, especially after entering the new century, under the background of the natural population growth remained stable, migration has become an important force of the urban population scale growth in different regions, and it is also one of the core content and important driving force of our country's urbanization.

It is worth noting that, in recent years, the motivations of the migrants have quietly changed in the process of migration in China; there is life, living, and their self-development as the guidance instead of merely finding a job. The transformation of the migration motivation, will inevitably affect the choice of migration destination-city, which is also related to the location selection problem.

To investigate the mechanism of the urban population scale growth in China and to study the inner relationship of migration and urban population scale growth, with the help of existing research, the paper builds an urban population scale growth model based on migration. The model provides a theoretical framework for the full text. In this model, the migration decision depends not only on income level, but the overall level of utility. Considering the content to meet the individual utility are multi-dimensional, we could extend the migration motivation from single employment-oriented to multiple motives. After relaxing labor homogeneity assumption, the paper introduces the human capital accumulation effect hypothesis. In the derivation process of the model, we put forward several hypotheses and an inference to lead the following analyses, such as migration motivation transformation, spillover effect from high human capital accmulation, and there are differences among cities in attracting migration.

The empirical part consists of statistical description and econometric empirical measurement, to fully show the relationship between migration and the urban population scale growth. In chapter 4, we use data, figures and tables to make statistical analysis. The results suggest that there is a spatial agglomeration tendency of the labor population migration, mainly migrating to the east and especially to large and mega-cities. At the same time, the analyses show a growth of urban-urban migrants except the rural-urban migrants, and there is not enough study on the former yet. Through the comprehensive comparision of absolute scale growth and relative scale growth, using prefecture-level city data, we find that there exist much inharmonious phenomena in urban development in China. We use rural household survey data for empirical analysis on the micro level in chapter 5. The results imply that there is a transfer in the migration motivation among the rural-urban migration, which confirms the first hypothesis in this paper. In chapter 6, we make spatial econometric analysis on the factors for cities in attracting migrants using prefecture-level city data; which also support the inharmonious urban scale growth that we suggested in chapter 4. We find that a number of factors affect the choices in migration, including the usual economic growth, employment opportunities and salary, and also education resources, traffic and communication, medical services access, the human capital structure in the city and recreational facilities. And the results confirm the third hypothesis and also the first one.

In short, there is a transfer in the migration motivation among the migrants, from job-oriented to diversified-prefer-oriented. And under the background of large differences among regions and cities, if other conditions unchanged, migration may exert polarization effect on the growth of city scale in China through the cumulative effect with the motivation transferring from single to multiple.

With the above analyses we can safely conclude that the policy makers and city government officials should learn about, respect the variant motivations of the migrants, and satisfy their demands in guiding cross -regional migration and in promoting high -quality urbanization. Only then could we promote the matching of the carrying capacity of population, industry development and ecological environment, and promote the harmony of the urban population scale, economic scale and space scale, and realize sustainable and more regionally balanced urbanization in the final.

Key Words: Migration, Motivation of Migrate, The Scale of City Population, Urban Population Scale Growth

目　录

Contents

第一章　导　论

第一节　选题背景

2014 年政府工作报告提出三个“1 亿人”问题，即“促进约 1 亿农业转移人口落户城镇，改造约 1 亿人居住的城镇棚户区和城中村，引导约 1 亿人在中西部地区就近城镇化”。其中，“促进约 1 亿农业转移人口落户城镇”，就是我们常说的“农民工市民化”问题，实质上是实现人口的永久性迁移问题；另外，“引导约 1 亿人在中西部地区就近城镇化”，即引导中西部地区劳动人口进行就近的中短途迁移，减少长距离跨区域迁移对全国带来的交通压力，从而减轻东部地区城市的人口压力。

国内学者对中国未来城镇化的趋势进行分析后指出①：东部地区将要进入减速推进期，未来一段时期内将更加注重城镇化的质量，其中重点是要提高进城务工农村劳动人口的市民化水平，即实现劳动者的永久性迁移；中西部地区将进入加速推进城镇化的时期，因此需要加大力度吸引人口的回流。

目前中国东部地区与中西部地区仍存在着较大的发展差距。借助金融危机后东部地区要素成本价格上涨的时机，国内学者近期又开始讨论通过产业转移来促进区域协调发展的问题。通过产业的转移，主要是要带动相关要素的跨区域再配置，从而促进地区劳动力生产率的提高。其中最重要的经济要素是资本与劳动力。资本是逐利的，也是各地方极力争取的对象。而劳动力不仅仅是“依附”于资本的经济要素，作为劳动力供给者的

① 魏后凯主编：《走中国特色的新型城镇化道路》，经济科学文献出版社 2014 年版，第二章。

个体也会追求个人福利水平的提升。中西部地区的城市与东部地区的城市之间仍存在着较大的发展差距。这种差距不仅体现在经济发展水平上，也体现在公共服务供给能力、基本设施完善程度等多方面。在差异悬殊的背景下，如何吸引人口的回流，促进中西部地区城镇化水平的提升、促进城市规模增长，将是一个值得深入探讨的话题。

与此同时，随着城市病问题的日益严重，一些特大城市中出现了城市规模增长与人口迁移“对立”的现象。中国一些特大城市将人口规模的控制作为城市政策目标——目前特大城市纷纷提出要控制人口规模增长，优化空间结构。这种政策目标的提出有其针对性，因为它看到了城市发展过程中出现的一系列不协调问题。正常情况下，人口向城市的迁移，为城市带来劳动力与人力资本的集聚，因而对城市发展而言是一种资源①。如何合理引导资源流动、发挥资源再配置的优势，促进城市的可持续、健康发展，却是一个需要认真研究的问题。

以上这些问题都涉及中国城镇化过程中的两个重要方面：一是劳动力资源的空间配置，即以劳动年龄人口为主的人口迁移问题，简称“劳动力迁移”②；二是从城市的角度来看的城市规模增长问题。

在中国城镇化快速推进、各地城市快速发展的背后，是国内农村剩余劳动力的大规模跨区域流动。从一般均衡的角度来看，劳动力跨区域大规模迁移，一方面带来了城市经济发展和人口规模的扩张，另一方面则伴随着农村人口减少和农村经济的发展（或萎缩）。随着中国总体的人口出生结构发生根本性转变，近年来大城市、特大城市的自然人口增长率已经较为稳定甚至为负，迁移人口成为城市人口增长的重要推动力量。可以说，劳动力的迁移，是伴随中国城镇化、工业化而来的经济现象，它对中国城镇化的影响是多方面的。这种影响不仅表现在其对全国经济增长、区域经济增长趋同（主要为城市）的正向或负向促进（或拉大）作用；还表现在随着迁移人口由乡村流向城市，其对城市区位的选择带来的城市人口规模增长的空间不平衡——东部地区城市规模快速增长，迁移人口主要集中在

① Jacobs, J., *The Economy of Cities*, New York: Random House, 1970.

② 由于本书的研究阶段侧重于中国快速城镇化的特定时期，因此，将关注点放在劳动年龄迁移人口而不是所有的迁移人口是可行的。随着中国城镇化水平的进一步提高，当城镇化水平达到稳定增长的阶段时，迁移人口将不仅限于劳动年龄人口，而是一种更为广泛的或说真正意义上的人口迁移。

东部沿海地区的少数城市，而大量中小城市、小城镇能够吸引的劳动力却非常少。因而，劳动力的迁移与城镇化是互动的、相互影响的，并在城市发展的各个方面以及农村发展的各个方面都留下印记。

20 世纪 80 年代中后期，以国务院《关于农民进入集镇落户问题的通知》为标志，国家在一定程度上放松了对农村人口进入中小城镇的控制，农村劳动力得以外出流动。之后，随着市场经济的发展以及国家政策的不断调整，中国的迁移人口规模不断扩大。1982 年中国的流动人口规模只有 657 万人，但到 2013 年已经达到 2.45 亿人。中国的流动人口中农村户籍外出人员一直占主体，即以乡—城劳动力迁移人口为主要人群。国家统计局以“农民工”口径统计，到 2013 年中国农民工总量为 2.69 亿人，其中，外出农民工，也就是农村迁移外出劳动力为 1.66 亿人，占到农民工总规模的 61.71%，并出现举家迁移快速增长的趋势。

实际上，作为一种理性行为选择，劳动力的迁移在中西方没有本质的差异。西方发达国家在 19 世纪中后期至 20 世纪中期城市化快速推进、城市快速发展的时期，都出现了大规模的劳动力迁移现象，而且不仅有国内移民也有国际移民（王章辉和黄柯可，1999）。与这些国家相比，中国的劳动力迁移由于数量多、规模大，面临的行为约束条件也存在一定的差异。这种大规模的劳动力跨区域迁移，对中国的城市人口规模增长及其表现出来的增长模式所产生的影响更为强烈、作用时间更为持久。

中国对城市规模的讨论由来已久：从“离土不离乡”的小城镇发展，到市场化改革、对外扩大开放后放松人口流动限制时期的大城市发展，再到人们逐步认识到城市规模分布不合理从而倡导大中小城市协调发展。可以说不论是推崇小城市发展、大城市发展，还是均衡城市发展，这些观点在不同时期都有其存在的意义。学者的研究侧重于城市达到一定规模才能够有效地发挥城市规模集聚效应——资源利用、公共服务使用、知识传递等，从而促进城市经济发展。当然，影响城市集聚效应的不仅仅是城市规模，还有其他要素，如城市内部的功能结构等（Richardson，1972）。城市规模是城市对人口、要素和产业活动等集聚能力的表现（魏后凯，2011）。中国学术界关于城市规模大小的争论也在不同时期影响着中国城市政策的制定。一些城市一直推行人口规模控制的政策，但结果却不理想。其中一个重要原因是，忽略了劳动力迁移与城市人口规模增长的关系，并且没有真正、客观地认识并尊重劳动力迁移过程中的迁移动机以及迁移人口在对不同城市进行选择时所反映出来的需求偏好。

从劳动者自身角度出发，由于人是理性的主体，会在衡量迁移行为所带来的收益及福利改善程度的基础上指导自己的迁移行为，因而，单纯想要控制人口而不考虑个体需求的政策必然失效。随着中国劳动力市场的逐步发育、完善，以乡—城迁移为主体的劳动力迁移群体中，劳动力的供需状况已经悄然发生变化。学界争论"刘易斯拐点"是否到来，是对一个确切时间点的争论，但对劳动力的供需状况已有一个大致判断——供过于求的时代将要或已经结束。另外，迁移劳动力群体也在发生着结构性的变化。首先是老一代的农村劳动力和新生代的农村劳动力表现出了不一样的特征，两者的根本区别在于，新生代农村劳动力不想再重复"候鸟式"的迁移历史，他们想在就业、居住与生活等方面享受与城镇居民同等的权利。其次是迁移类型发生了变化。中国流动人口总体规模与外出农村劳动力数量之间的差额，表明存在着不断增长的城—城迁移人口，甚至是向国外迁移的劳动力类型。这些不同类型的迁移群体必定会有多样化的迁移动机及需求。这表明，随着中国劳动力市场的发展以及迁移劳动力结构的变化，劳动力迁移的动机已经在逐步发生变化：由单一的就业为导向的经济激励动机，向以就业和居住为导向的多元动机的方向发展。这种迁移动机的变化，在新生代农业迁移劳动者以及不断增长的城—城迁移劳动者身上表现最为明显。在这种多元迁移动机的驱使下，劳动力在迁移过程中对城市的选择会受到影响。尤其是像中国这样行政等级对城市经济发展、公共服务供给能力等有较大影响的国家，包括省会城市、直辖市在内的一些大城市、特大城市，一直是劳动力迁移选择的重要目的地。大规模的劳动力迁移必然会进一步推动这些大城市、特大城市的人口规模增长，促使城市规模结构出现"极化"现象，并形成一种循环累积效应。

笔者在 2012 年调研时发现：对于新生代外出务工者而言，赚钱不再是唯一的、最主要的外出目的，个人的发展与生活质量提升也是重要内容。在湖北钟祥，汇源企业入驻给当地人带来了较多的就业机会。但就我们了解到的情况，其就业人员普遍在 25 岁以上，一线操作员工的年龄偏大，35~40 岁的员工并不鲜见。很多有过外出务工经历的人在这里工作，但多数是已婚人士，留下来主要是出于照顾家庭的目的。如一家的兄弟二人，大哥已娶妻生子，夫妻二人就在镇上上班，小孩由家里老人照看；而小儿子初中毕业就直接去了广东、浙江等地，不愿意在老家工作，因为觉得老家生活太单调。《南方都市报》所做的调研中也有这样的情况[①]：中西部地区的小县城，虽然有大企业入驻，但由于相关的生活、娱乐设施配套不完善，对一些年轻人其实并没有形成足够的吸引力。因为这一代人不再像父辈那样，只为赚钱养家；他们在工作的同时，还想要不断提升个人技能，提高生活质量。可见，不同代际的劳动者的需求是不一样的，其效用最大化的内容差异较大。因此，深入分析并了解这些不同类型、不同生命周期的迁移劳动力的迁移动机、行为模式的变化，对于分析中国城市人口规模增长的变化趋势、结构分布是十分有必要的。

再从城市规模增长的角度来看，仅仅关注城市的绝对人口规模很容易导致政策制定的偏差。城市发展的最终目的是服务于居民的需求、提高他们的生活质量。人作为城市的主体，既是创造者，也应是利益获得者。城市是一个集聚体，这种集聚不仅体现在体量的庞大，也需要城市的不同部分能够合理匹配、协作运行。单一的绝对规模指标，只将视线停留在绝对规模上，忽视了城市中各种要素、资源的相互关系，很容易造成政策导向的偏差。

城市的人口规模增长绝不是简单的人口增加，它涉及劳动人口在迁移过程中对城市功能结构完善与否的比较以及对不同类型城市的偏好差异。只有深入了解劳动人口的迁移动机、揣摩他们的需求，城市对自身的功能完善、城市规划、发展政策的制定才能够真正有坚实的立足点和正确的方向。一些大城市屡屡采取控制人口规模的政策，而这些政策又屡屡失效，表明想简单地控制人口规模是既不可行也不可能的。人是理性的个体，不可能因为一些设置的障碍而不去争取个人的福利。只有了解中国劳动人口在迁移过程中的动机变化，理解城市人口规模增长的内在规律与机理，合理布局城市功能及城市空间格局，才可能实现人口的有序流动与城市的可持续发展。

自20世纪90年代中后期以来，中国人口出生结构逐步进入低生育阶段。与此同时，城市人口自然增长率也基本上处于缓慢增长时期，一些特大城市的人口自然增长甚至为负。在这样的背景下，包括乡—城迁移在内的迁移劳动力对中国城市的人口规模增长及最终结构分布将产生重要的影响。本书旨在通过构建基于劳动力迁移的城市人口规模增长模型，形成从

①《南方都市报》特别报道组：《洪流：中国农民工30年迁徙史》，花城出版社2012年版。

理论到实证的较为全面的分析框架：不仅从微观上考察迁移劳动力迁移动机的变化以支撑全书的分析，也在宏观上探究劳动力迁移动机是否会影响其对城市的选择，进而影响到不同城市间规模增长的差异。假如承认劳动力迁移过程中存在着多样化的迁移动机，则会对城市的管理者提出更高的要求，也是城市管理者服务型政府改革的一个重要依据。同时，本书认为，对于城市规模的分析，也不能仅关注绝对规模体量的大小，还应分析人口规模与城市的经济、社会、资源和环境规模等方面的相互关系，即综合分析城市的绝对规模与相对规模，才有助于提高城市规模增长的协调性。

2016年中国城镇化率达到57.35%，早已超过50%的界限，将进入减速推进期，并逐步由乡村主导型社会向城市主导型社会转变。在这个过渡阶段，不能再仅看城镇化的速度、城市的绝对规模等这些绝对数量的增长，而是必须关注城镇化与城市发展质量的提升。提升城市发展质量的一项重要内容就是对人的尊重。城市的发展需要以人为本，尊重并满足包括迁入劳动者在内的人们的合理需求。城市不是冷冰冰的水泥、钢筋丛林，它由人来建造，也要为人服务。迁移劳动力已经成为城市人口规模增长的重要来源，城市必须接纳并尊重这些人。

中国的发展已步入新时代，未来需要逐步改变粗放式的城镇化发展，走以人为本，特色、集约、节能、生态的新型城镇化道路（魏后凯，2014a）；在不断提升城市对人口集聚能力的同时，提升城市居民的生活质量。其中“以人为本”就是要强调人的主体地位，城市的发展应服务于人的需求，而不能再忽视人的利益诉求。

第二节　选题意义

一、理论意义

城市的规模增长，既表现为一个城市人口规模、经济体量、地域空间的扩张，也表现为该经济体内城市空间结构的变化。国内已有的对城市规模的研究，多侧重于中国城市规模是否存在着最优规模或有效规模？城市最优或有效规模范围是多少？中国不同规模城市结构是倾向于集中还是分散？国内学者较多地使用位序—规模法则来表现人口在不同城市的集中情况以及城市规模分布问题。

关于城市规模增长，不能简单地将其理解为仅是一个需要度量的问题，还要研究它的形成机理。从城市人口规模的角度来看，由于人是理性的个体（这里不争论是完全理性还是非完全理性），选择在哪个城市就业、生活，虽然受出生地的影响，但大多数人可以选择未来将某个城市作为目的地。这涉及迁移行为。而这种迁移行为受什么样的动机影响？这种动机影响下会形成对哪种类型城市的偏好？反过来，城市又需要提供哪些城市功能或者服务才能形成足够的吸引力来吸引目标人群，从而达到城市人口规模的增长？这表明，城市与人口之间存在相互选择的可能。

已有的理论认为，城市的人口规模增长可能是一种随机增长，但也有学者认为其是等级增长、非经济因素影响的增长或劳动力迁移影响的增长。随机增长强调的是不可控因素的作用，而等级增长有着严格的假设前提，非经济因素影响的增长可以被认为在大多数情况下是普遍存在的。劳动力迁移影响的增长则是从城市人口规模增长的动力来源角度进行的分析。

在中国城市进入人口自然增长率稳定或为负的情况下，外来迁移人口将成为城市规模增长的主要来源之一。迁移劳动人口不仅提供了城市经济增长的重要劳动力要素，而且是形成城市内需的重要基础，并能对城市的功能调整、布局产生重要影响。因此，了解、尊重并满足这些迁移劳动力的需求，才能更为有效地促进城市的良性发展。而人口或说劳动人口的大规模迁移，不仅影响着城市的人口规模增长，也将对城市规模结构的整体表现产生影响。

目前国内较少有学者从劳动力迁移角度来观察城市的规模增长问题。并且，已有的研究主要基于托达罗的迁移模型对劳动力迁移进行分析，即认为劳动力迁移主要受预期收入增加的动机影响。考虑到中国劳动力市场的发育程度，以及劳动力结构、劳动力迁移类型的变化趋势，本书认为这种分析已经脱离了现实。

本书主要将区位理论与集聚经济理论作为理论基础。区位理论认为距离对产业及人的区位选择有重要影响，这里的距离包括心理距离、地理距离、时间距离。虽然伴随着科技进步、交通发展，地理空间距离的影响程度有所下降，但距离仍是一个重要的影响因素。从要素角度来看，劳动人口的迁移是要素的重新配置，有效的要素资源配置将有利于劳动生产率的提高，这是一种经济结构的转变；而从空间角度来看，劳动人口的迁移面临着对不同城市区位、就业机会的选择，这又是一种空间的转换。城市作为一个集聚体，集聚经济效应的存在是其区别于乡村的主要特征。大量劳动人口的迁入将有助于城市集聚效应的形成与发挥。

本书将从人口规模的角度来分析城市规模增长问题，并结合中国城市规模增长的实际，即人口自然增长已不是唯一及最主要的动力来源，从劳动力迁移动机的角度来考察中国城市人口规模增长问题。通过将效用（福利）提升作为劳动力迁移的目的，构造基于劳动力迁移的城市人口规模增长模型。在基本模型的基础上，放松同质劳动力的假设，区分出高人力资本劳动力与低人力资本劳动力，推论表明，城市想要吸引这些高人力资本劳动力的迁入，就必须提供更高的收入，或说以收入表征的效用（福利）水平。本书将尝试以理论与实证、微观与宏观相结合的方式对中国的城市规模增长问题进行探讨。因为，只有了解了城市人口规模增长的微观基础，才能更好地把握城市规模增长的规律与机制。

城市规模相关理论多基于发达国家的实践，而像中国这样不仅面临着经济体制和经济结构转型，还面临着政府职能和政策导向转变的转型国家，城市规模增长有其自身的特殊性。研究中国的城市规模增长问题，对深化相关的理论是一个很好的机会。

二、现实意义

自 20 世纪 90 年代末以来，中国人口出生结构开始逐步进入低生育阶段。目前，中国大部分城市人口自然增长率已经较为稳定甚至出现负增长，这使得劳动人口迁移成为城市规模增长的重要动力来源。这种现实背景的变化，为从外来迁移人口角度考察城市的人口规模增长提供了一个较好的研究机会。

通过分析劳动力迁移动机的变化，为把握城市规模增长的规律提供了重要依据。劳动力迁移动机的变化，代表着其对城市选择的方向或说倾向，进而对城市管理者或说地方政府提出了新的要求。在劳动人口能够自由迁移的时代，城市与人口之间是一种相互选择的关系。劳动者从提升自身福利水平的角度出发，更倾向于选择能够满足个人特定需求、提升自身福利水平的城市；对于城市而言，不同城市的经济发展水平、公共服务提供能力、社会发展程度及城市管理水平之间存在很大的差异，某一城市想要吸引特定类型的人口，就必须要了解、尊重并不断满足这些群体的合理需求。这对中国服务型政府转型以及提升城市管理水平等都提供了很好的理论基础。

迁移在不同区域城市的人口规模增长中所起的长期作用值得注意。首先，这种影响表现在城镇化的差异增长。迁移对东部较大城市主要起着增加分子的正向促进作用；而对中西部地区则从减小分母层面起到反向促进作用。这种一增一减，在短期内都会对城镇化水平提高有促进作用。但从长期来看，则可能会带来一些经济社会问题。其次，由于外出迁移劳动人口多为中青年群体，而不能也不愿意迁出的，很大比例上为老、弱、幼年龄段的人口，这将给迁入地与迁出地带来不同的社会问题。如迁移人口的进入将会减缓迁入城市的老龄化水平，而加速迁出地的老龄化水平；增加迁入城市的劳动人力资本积累，降低迁出地的人力资本水平。从长期来看，这对迁出地的城镇化水平及质量提升都是一个抑制因素。随着迁入城市资源、环境承载能力逐步接近极限值，迁入城市整体经济、社会、环境发展质量将会下降，即集聚不经济问题凸显。

讨论城市的规模增长问题，不仅是因为城市的可持续发展有利于保障城市居民的切身利益；对于城市政府来说，坚实的理论基础是城市科学、前瞻规划的前提。周一星（1995）认为规模政策不适宜作为指导全局的城市发展方针。因为人口规模仅是城市的一个方面，城市职能决定了城市规模，城市规模只是载体。虽然从经济效益上讲，随着城市规模量级的提高，城市的经济效益有逐级增长的趋势，但城市的经济效益与城市规模之间是一种弱相关关系而非因果关系。需要指出的是，这里讨论城市规模问题并不是为了找到一个不断变动的城市规模数量或区间，城市的规模增长及城市的规模分布受城市的功能定位、产业结构布局、资源环境及政策等多重因素影响，因此，必须在考虑城市规模绝对量的同时，结合相对规模增长来全面把握城市人口与经济、社会、资源、环境等之间有相互关系。唯有如此，才能真正有助于实现城市发展的有效规模，从而推进城市的健康、可持续发展。

第三节　研究内容及方法

一、研究内容

人口向城市的集聚，对城市的发展而言是一种重要的资源（Jacobs，1970）。城市规模的增长有其背后的机制在起作用，想要通过控制人口的行政手段来影响人口的增长（人口的流动），只会徒劳无功，并给城市的正常经济发展带来损耗。必须从产业升级——就业机会、城市功能完善与管理提升——公共服务改善等多角度着手才能真正找到解决办法。中国长期以来对以发展何种规模城市为主的讨论，以及据此通过人口控制为城市病寻找解决途径的思路，均没有看到问题的根本。

以劳动人口为主的人口迁移是一种伴随城镇化过程的内生现象。或者说，劳动力迁移是城市化过程的重要内容，其最终结果表现为城市经济的快速增长、城市人口规模的增长以及城市空间的扩张。劳动力迁移与城市规模的增长之间是一种互动的关系。在中国城市人口自然增长表现平稳，甚至一些城市出现负的人口自然增长率的背景下，本书的目的在于寻找城市人口规模增长（主要表现为迁移增长）的机制。本书尝试从劳动力迁移的角度，分析 21 世纪以来，随着中国劳动力迁移动机逐步由单一的提高收入为主的动机向多样化的动机转变，劳动力迁移对城市规模增长的影响，以了解它们之间的相互作用机制。本书的研究着重关注 20 世纪 90 年代以后，尤其是进入 21 世纪以来这段时期。

城市是一个集聚体。本书将主要以集聚经济理论为基础来构建理论模型。本书旨在通过构建基于劳动力的城市人口规模增长模型，形成从理论到实证的较为全面的分析框架：不仅从微观上考察迁移劳动力迁移动机的变化以支撑全文的分析，也在宏观上探究劳动力迁移动机是否会影响其对城市的选择，进而影响到不同城市间规模增长的差异。假如承认劳动力迁移过程中存在着多样化的迁移动机，则会对城市的管理者提出更高的要求，也是城市管理者服务型政府改革的一个重要依据。同时，本书认为，对于城市规模的分析，也不能仅关注绝对规模体量的大小，还应分析人口规模与城市的经济、社会、资源、环境规模等的相互关系，即综合分析城市的绝对规模与相对规模。

本书的技术路线如图 1-1 所示。具体来说，本书在结构上共包含七章，从理论模型到实证分析、从微观基础到宏观总量分析、从描述性统计到计量实证分析，以期形成一个完整的分析框架。

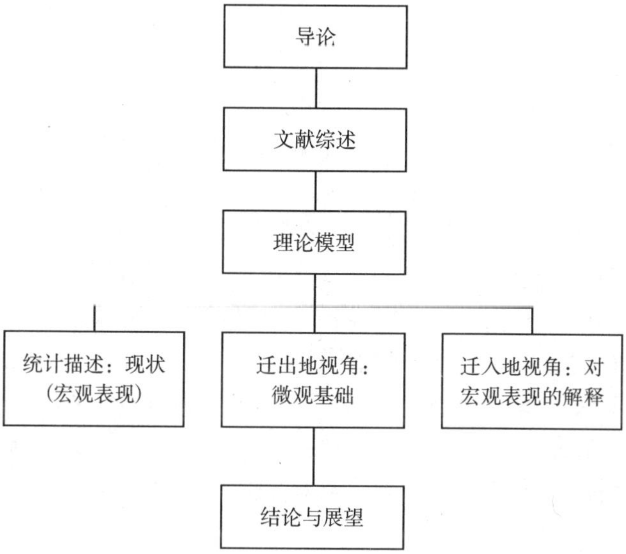

图 1-1 本书的技术路线图

第一章是导论。本章主要对本书的研究背景、研究意义、研究内容与方法，以及可能存在的创新之处与不足有一个概览性的介绍。

第二章是文献综述。本章对国外与国内城市规模增长与劳动力迁移的相关研究进行系统性的梳理。梳理后发现，目前对城市人口规模增长的研究，尤其是从国内的情况来看，主要侧重于对最优规模的证明、推导，以及对中国城市规模结构体系是否表现为集聚的实证检验，总体来看更为侧重于数量化的分析。考虑到中国以劳动年龄人口为主的迁移人口，即迁移劳动力在城镇化、城市发展过程中发挥的重要作用，也有一大批学者将劳动力（人口）迁移的相关问题作为研究的主题。这些研究中，既有对迁移人口特征的讨论，也有对影响迁移的要素的分析，以及迁移对中国区域经济发展差异的影响或说对迁入和迁出地各自的影响等多重视角。但将迁移与城市人口规模增长联系起来研究的不多。从现有的研究来看，国外研究中有一种研究视角是将城市人口规模增长率等同于迁移率，或是把劳动人口迁移作为分析的前提，如以新经济地理理论为主、以集聚理论为基础的一些研究。但总体来看相关研究不足。本书认为，在中国城镇化水平快速提升、城市人口自然增长率逐步稳定并为负的大背景下，以劳动年龄人口为主的迁移实际上已经成为城市规模增长的重要动力来源，对城市发展发挥了重要作用。而人是城市的主体，探究两者的关系，寻找城市人口规模增长的内在机理，而不是仅仅将迁移率等同于增长率这样的数量分析，对于中国未来一段时期城镇化进程、城市可持续发展都有重要意义。

第三章为本书的理论模型。本书的理论模型主要基于集聚经济理论，借鉴 Puga（1998，1999）与 Forslid 和 Ottawono（2003）的研究成果，对其进行修正与扩展并形成全书的理论研究框架。这个理论框架是一个两区域、两部门的模型，通过劳动人口的迁移来实现不同区域城市人口规模的增长及规模增长结构的变化。本书对劳动人口迁移行为的描述是从城市规模增长的角度进行的，以效用水平的改善而非收入增长作为迁移行为发生的依据。因为“效用”的内容是多方面的，以此为据可以全面抓住劳动力迁移的动机变化，动机不仅包括就业、收入提高，还有可能是其他多方面的内容。这一章的第二节第三小节将基础模型中劳动力同质化假设，扩展为不同人力资本水平的劳动力在不同区域与部门间迁移选择。根据模型的推导得出了三个假说及一个推论：劳动力迁移动机转变假说、人力资本影响劳动力流动性假说及高人力资本劳动力集聚的溢出效应假说，城市对劳动力迁移吸引力差异推论。这些假说与推论，为后文的实证分析奠定了基础。

第四章是对中国目前劳动力迁移与城市规模增长关系的一个统计性描述，这一章侧重于宏观分析。首先介绍中国城市规模增长的背景，包括中国目前出生结构模式的变化；其次利用四个直辖市的数据进行分析，结果表明，大城市存在着人口自然增长缓慢甚至为负的情况，外来劳动力的迁入已经成为这些城市城镇化推进的重要动力，也是其人口规模增长的重要来源。本章还梳理了自 20 世纪 80 年代中期以来各个阶段中国迁移政策的演变。进一步地，本书利用“五普”与“六普”的数据，对比分析中国劳动力迁移的增长、流向与结构变化，并深入分析劳动力迁移在城市层面的分布情况。分析表明，劳动力向城市的迁移存在着集聚的倾向，2010 年，中国地级及以上城市集中了全国向城市迁移人口的80%以上，比2000年增长了4个百分点。另外，人口500万及以上的特大城市集中了向全国城市迁移量的76.2%。最后，本书从城市人口绝对规模与相对规模两个角度进行比较分析，发现中国城市规模增长中存在着一些不协调问题，如一些城市资源利用粗放、公共服务供给能力不足等，影响其对劳动力的吸引。达到绝对规模与相对规模位序一致的城市占比很小。

第五章着重论证理论模型中提出的第一个假说——中国迁移劳动力的迁移动机已经发生改变，从过去以就业为导向的单一经济动机向多元动机转变。这也是全书分析的微观基础。遗憾的是，由于没有全国迁移劳动力的抽样数据，只能重点考虑乡—城迁移劳动力类型。这一章共三节，第一节重点对假说1提出的依据进行论证，包括劳动力无限供给推论提出背景的变化，以及中国迁移劳动力动机改变的相关描述性事实及研究。这一节还对本书使用的“居住动机”概念进行厘清。“居住动机”是指行为主体在选择迁移目的地时，希望在找到合适就业机会的同时能够稳定下来，并在当地享受相应的生活、娱乐、教育等相关服务。相比单一就业动机经济激励倾向强调收入流最大化、变动频率高、未来预期不稳定等特征，居住动机更强调稳定性和长期性，是对个人未来生活预期的根本转变。第二节利用2006年和2008年的农村入户抽样调查数据，使用Probit模型进行对比分析。该章重点是考察中国中西部地区不同年龄阶段农村外出劳动力的迁移动机，为此在模型设计中加入了一个年龄和区域的交叉项（age × loctin 交叉项），目的在于观察随着时间的变化，不同区域、不同年龄劳动人口群体迁移动机的变化。西部地区就业机会有限，且与东部地区的物理、心理距离较远，因此，只有具有强烈迁移动机及意愿的群体才会主动选择长途跋涉，到省外就业或居住。分析结果表明，劳动力的人力资本水平（以教育年限代表）和对外出信息的掌握程度都会对远距离迁移起到正向促进作用；而年龄、婚姻、子女状况以及与县城之间的距离起到限制迁移外出的作用。区分性别后，结果显示这些要素对女性的影响程度要大于男性。并且，到2008年仅用教育年限已经无法完整地捕捉到人力资本水平的效果，这表明，迁移劳动力外出时间越长，其经验积累也越丰富，而这种通过经验积累获得的人力资本不是学校教育能够替代的。2006年，从中西部地区向东部地区迁移的劳动人口多因生活压力外出，这类人口多为已婚的中年劳动人口。到2008年这种影响已经大大下降，交叉项的系数也出现下降。结合2010年的一些数据我们可推测，随着交通通信技术的发展，物理与心理距离对劳动力远距离迁移的限制作用正逐步下降；中西部地区大量年轻人可以实现远距离跨省迁移，尤其是向东部地区迁移；除了大量未婚年轻人以外，一些年轻的已婚夫妇也开始携带子女到迁入地使用当地的教育等公共服务资源。这些都进一步印证了本书对中国乡—城劳动力迁移动机变化的趋势判断。

该章的分析不仅支撑了现状部分中论述的劳动力迁移结构变化问题，也成为第六章从地级市层面分析城市对迁移劳动力的吸引力的微观基础。

第六章是从宏观层面分析城市对迁移劳动力的吸引力与反吸引力。分析结果也帮助解释了第四章现状部分提出的中国城市规模增长存在不协调的问题，并反向支撑了第五章的分析。

本章综合考虑数据的完整性、可得性等特征，选择286个地级及以上城市（不包括拉萨市）作为分析对象。结合第四章的现状分析，以及对最小二乘估计得出的残差标准偏差图，初步判断中国劳动力向城市的迁移存在着空间集聚倾向。进一步得到的局部Moran's I也印证了这种判断。因此，本章使用空间计量方法，构建空间误差模型（spatial error model）。分析结果表明，城市的经济发展带来的就业机会的增长、工资水平的提高、公共服务的完善以及城市高人力资本水平人口的集聚都会对劳动力的迁移选择形成正向吸引。这也充分证实了本书提出的假说1和假说3，即中国劳动力迁移的动机正日益表现出多样性，以及高人力资本水平劳动力的集聚将会对低人力资本水平的劳动力形成吸引。另外，劳动力的迁移方向与城市行政等级也表现出一致性，这表明，城市行政等级高会吸引更多的劳动力迁入。

了解了多重要素对形成城市对迁移劳动力吸引力的差异，就可以理解，在中国城市行政等级森严、地区及城市间发展差异水平较大的背景下，少数大城市及特大城市相比中小城市更容易形成对人口的吸引力，从而能够实现迁移的人口多具有相对较高的人力资本水平的状况。这种高人力资本水平劳动力的集聚又会通过溢出效应进一步吸引劳动力的迁入。如此循环往复，极容易形成城市规模增长的两极分化。虽然单纯比较地级市的城市规模时集聚程度不明显，但结合相对规模增长与绝对规模增长两个维度的分析就不难发现：中国城市规模增长中确实存在着诸多的不协调问题，如大城市的公共服务能力相比其人口规模仍留有较大余地，而一些大城市的生态环境承载能力却表现出不能满足其绝对人口规模增长的需要；相反，大量中小城市则表现出公共服务供给能力不足，对人口的集聚效应不明显，等等。

第七章是对全书的总结，以及对未来研究的一个展望。本章的结论认为，在中国不同区域及城市间发展差距较大的背景下，劳动力迁移动机转变的事实，会带来迁移对城市规模增长的循环累积效应，即导致城市规模增长的极化，长期来看还可能会带来一系列经济社会问题。在相关政策制度不变的前提下，需要重视迁移与城市规模增长的相互作用机理。同时，也应看到城市绝对规模与相对规模增长协调关系的处理。为此，本书提出旨在促进人口自由有序迁移、促进城市规模可持续发展的相关政策建议。最后是对未来需要进一步研究的方向做一个展望。

二、研究方法

本书所使用的研究方法主要有四类，分别为文献梳理法、理论模型法、统计描述法与计量实证法。以下将分别展开介绍。

（一）文献梳理法

通过对国内外城市规模增长、劳动力迁移及两者关系的相关文献进行梳理，本书发现，目前对城市规模增长的研究更多地侧重于统计分析，而对劳动力迁移的研究则涉及人口学、劳动经济学、社会学等多学科。其中，对劳动力迁移的研究，既有微观行为及人口学特征分析，也有宏观效应研究；既有理论探讨，也有实证验证。从中国学者的研究来看，其更多地偏向于实证分析。而在城市规模增长的研究方面，更多的是关注城市人口规模增长所形成的分布变化情况，同样侧重于实证分析。但将劳动力迁移的微观行为与城市规模的宏观表现联系起来，并探讨劳动力迁移对城市规模增长的影响、城市人口规模增长机理的研究较少。当然，我们可以理解为，对于城市经济规模增长，即城市经济增长问题的研究成果较多。这是因为，劳动力的跨区域迁移可以被视为劳动力要素的流动，会对要素的配置、经济增长带来影响。因此，大量研究侧重于劳动力的迁移或流动对不同地区乃至全国经济增长趋同或趋异的影响这一问题的探讨。从国内关于劳动力流动对经济增长的影响形成的大量研究成果就可见一斑。中国自20世纪90年代中后期尤其是进入21世纪以来，人口出生结构已经进入低生育增长时期，城市的人口自然增长逐步趋于稳定甚至为负。在这样的背景下，劳动力的迁移，尤其是乡—城迁移行为不仅为城市带来了新的劳动力要素，同时也推动了城市的人口规模增长。从劳动者自身的角度出发，劳动力向城市的迁移也是一个区位选择的问题。迁移中表现为怎样的一种动机驱动？城市中的哪些因素在影响着劳动力的迁移选择，进而对城市的人口规模增长及城市规模结构体系产生影响呢？这样一来，既需要考虑到微观层面迁移动机的变化，又要从宏观上考虑城市对迁移劳动力的吸引力。可见，从劳动力迁移的角度来研究城市规模增长是非常有意义的。

（二）理论模型法

本书借鉴 Puga（1998，1999）的理论模型来构建本书的理论模型基础。同时考虑到人力资本的重要作用，本书利用 Forslid 和 Ottawono（2003）对劳动力人力资本水平差异的处理方法对基本的理论模型进行扩展，构建起一个两区域、两部门，基于劳动力迁移的城市人口规模增长模型。在该模型中，迁移决策将不仅取决于收入水平的提升，而且在于总体效用水平的提升。考虑到满足个体效用提升的内容是多维度的，我们就可以将劳动力迁移的动机从单纯以就业为导向的经济动机向多元动机扩展。在推导中，本书结合中国的实际提出了三个假说及一个推论，主要涉及迁移动机的转变、人力资本结构差异对城市增长的影响，从而为实证研究分析指明了方向，成为全书分析的理论基础。

（三）统计描述法

本书的第四章主要是对中国城市规模增长与劳动力迁移关系的现状进行一个较为全面的统计描述。通过介绍全国人口生育结构变化的背景以及梳理中国自 20 世纪 80 年代以来的迁移政策的阶段性演变，提出中国城市人口规模增长的两个动力来源，即人口自然增长与劳动力迁移，它们对城市规模增长的作用此消彼长。自 20 世纪 90 年代中后期以来，中国劳动力迁移规模不断扩大，尤其是进入 21 世纪以后，其成为中国城市人口规模增长的重要来源，也成为中国城镇化的重要主体与核心内容之一。这种迁移在全国、区域及城市层面都表现出一定的分布，本书着重关注的是城市层面的迁移空间分布。分析表明，中国劳动力向城市的迁移表现出较强的空间集聚倾向，使中国的城市表现出不同的迁移类型，即迁入活跃型城市、迁出活跃型城市、平衡活跃型城市及非活跃型城市。另外，本章结合绝对规模与相对规模两个层面对中国城市规模进行较为全面的分析后，还发现中国城市规模增长中存在的一些不协调问题。这些统计分析的结论，不但支撑了本书的理论模型，也为进一步深入的实证分析打下了基础。

（四）计量实证法

本书的第五章和第六章分别利用传统计量方法和空间计量方法，从微观、宏观层面展现中国城市规模增长过程中：作为决策主体的劳动者如何做出决策；作为需求方或说引力方的城市在哪些方面会不断吸引劳动力迁入。其中，第五章使用 Probit 模型对迁出地方面的因素进行分析，表明中国乡—城迁移劳动者在迁移过程中的确出现了迁移动机的变化趋势。而第六章在结合第四章的统计描述及对所用数据的 Moran's I 进行分析后，发现中国劳动力向城市的迁移存在着空间集聚的倾向，于是在 OLS 计量分析的基础上，将空间因素纳入考虑，改用空间计量模型方法。对两种分析结果进行对比后可以发现，使用空间计量方法得到的模型拟合效果要明显好于经典的最小二乘估计结果，不仅可决系数提高，AIC 和 SC 两个指标值也明显下降。最终的实证结果表明，某个城市的经济发展水平、就业机会和收入水平这些通常使用的因素都会对迁移选择产生影响，同时，该城市的交通通信发展、教育资源、医疗服务、生活环境便利程度、人力资本结构以及城市的行政等级都会形成对劳动力迁移的吸引力或反吸引力。模型中加入的空间误差因素系数也显著不为零，表明劳动力在向城市迁移选择过程中的确存在着集聚的倾向。总之，通过统计描述对现实情况的把握，以及计量实证模型分析，基本上验证了本书理论模型中提出的假说及推论，也为最终的政策建议做好了铺垫。

第二章 文献综述

本章共包括四节。第一节介绍关于城市规模增长及城市规模增长结构的不同研究视角；第二节侧重于介绍与劳动力迁移相关的国内外研究成果；第三节对迁移与城市规模增长关系的相关研究进行简单梳理；在对目前国内外研究现状有一个初步了解与判断的基础上，第四节进行小结，并提出本书的研究方向。

第一节 城市规模增长相关研究现状

城市规模包括空间规模、经济规模、人口规模等多方面的内容，并且各个方面是相互影响的（Mumphrey Jr 和 Whalen Jr，1977）。但在具体的研究中，限于可得数据，以及出于将城市作为完整的劳动力市场的考虑，以分析城市人口规模的相关研究最多（城市经济规模增长更多是在城市经济增长问题中研究；而城市空间规模的相关研究更关注城市空间分布的合理与否）。国内也有学者从城市集聚效应的视角指出，城市规模的大小是特定区域人口、资本、资源等各种要素集聚程度的表现，并体现出城市吸引力、辐射力和带动作用的大小（魏后凯，2011）。

一、关于城市规模增长的不同研究视角

关于城市规模增长有不同的研究视角，有的侧重于理论推导，而有的则适用于实证分析。以下一一进行介绍，并加以简单评论。

（一）研究视角

1. 单中心城市增长理论

传统的单中心城市土地竞租理论是从屠能的农业区位理论发展而来的，阿隆索（Alonso）将这种分析思路用于分析城市内部区位的竞租和最优土地利用。他认为，城市不同区位上的经济活动是由这些活动所能支付的地租决定的，从而提出了竞租函数概念。不久，其他学者进一步讨论城市居民的住房区位问题，将土地需求作为一种引致需求，发展成为Alonso-Muth-Mills 模型。考虑城市内部土地市场与交通系统的相互关系，城市规模最终取决于由交通成本与房租共同决定的城市边界，距离城市中心越远，土地租金和人口密度越低，在市场力量的驱动下会自动形成一种合理的城市内部空间结构和空间布局。这种理论假定城市商业中心地带（CBD）以外都为同质区位，差距在于与商业中心距离的远近。在完全竞争的假设条件下，这种方法不仅确定了城市内部的职业与居住区位分布模式，也决定了城市增长的边界。它仍延续了平面几何方法的应用，以 CBD 为核心，以城市地租与农业地租相等的地方决定的城市增长边界为半径，计算城市规模。

2. 随机增长

这类研究以 Gibrat 法则为基础，假定城市的增长率为一个独立、随机变量，实现城市规模按比例增长，最终城市规模分布表现为对数正态分布（lognormal distribution），并且分布的右尾（right-hand tail）表现出位序—规模关系（Sheppard，1972）。大量学者沿着随机模型的方向进行了研究及探讨，如 Simon（1955）、Carroll（1982）、Krugman（1995）和 Gabrait（1999）。Gabrait（1999）指出，如果不同的城市按照相同的预期增长率和相同的方差随机增长，城市规模的极限分布将会趋同，从而表现为一种位序—规模分布。因此，位序—规模分布表现为随机过程的一种极限分布（1999）。Davis 等描述了不同城市区位（如专注于某一产业）在受到全国性随机的外部冲击时，可能出现即期冲击带来的持续的城市规模变动（Black 和 Henderson，2003）。Eeckhout（2004）利用美国 2000 年更为全面的普查数据进行分析，发现城市人口规模符合对数正态分布；并且通过对以外部经济为基础的城市模型进行推导，也得出一个城市规模按比例增长的结论，即符合 Gibrat 法则。Carroll（1982）认为随机模型漂亮，但这种以模型为导向的研究其假设的真实性无法验证。而且现实中，人口向城市聚集，往往受经济因素诱导，其在地理空间上的分布并不是随机的。

3. 等级增长

这类研究是以中心地理论为基础，延续演绎推理的分析方法。Beckmann首次将这种思想模型化，推导等级式的城市规模分布如何形成，以及这种等级规模分布与位序—规模分布的关系（Parr，1969）。Parr（1969，1978）、Beckmann和McPherson（1970）、Beguin（1982）、Capello和Camagni（2000）及Semboloni（2008）在Beckmann（1958）的基础上做了进一步研究，将模型一般化。Sheppard（1972）认为等级城市体系本身包含着某些城市间的相互关系。但在模型中这些相关信息并不被考虑。

4. 劳动力迁移视角

这类研究早些时期往往假定城市的增长速率为劳动力迁移率（Rashevsky，1943；Haran和Vining，1973；Miyao和Shapiro，1979）。之后的发展是在一系列假定条件下，实现城市充分就业的劳动力即为均衡时的城市人口规模，并且常与集聚经济理论联系起来（Chipman，1970；Henderson，1988；Abdel-Rahman和Fujita，1990；Capozza和Helsley，1990；Eeckhout，2004；Cordoba，2008）。前者侧重于速率分析，而后者强调城市经济增长的机制所起的核心作用，城市的规模增长表现为劳动力的增长。中国学者周加来和黎永生也在Harris-Todaro模型的基础上纳入集聚因素，建立城市人口规模均衡动态分析模型，得出城市最优规模应该是一个区间值：区间最大值是城市稳定时的均衡，最小值是农村萧条时的均衡。但托达罗迁移模型的核心是引入失业率和预期收益，从而解释在城市存在失业的情况下，城乡人口流动依然会发生。另外，这一模型假定城乡间人口自由流动，与中国当时的现实不符。总之，劳动力迁移是在各国城市化过程中都曾存在的经济规律。尤其是当城市人口自然增长保持稳定时，迁移劳动力将会是城市人口规模增长的主要来源。可以认为这种研究视角对于经历快速城镇化的经济体而言具有一定的意义。

5. 非经济因素影响的增长

由于城市发展并不仅包括经济层面，还受城市的社会系统、生态环境等多维因素的影响。因此一些学者考察政治、历史、文化等因素对城市规模及规模分布的影响。如藤田昌久和蒂斯（2004）在模型中将城市作为公共物品来看待，分析政府影响下的城市规模及规模分布。中国一些学者也指出，中国的城市规模与城市的行政等级是相关的，因为行政等级越高，意味着城市所支配的资源越多，从而能够对人口形成较强的吸引力（魏后凯，2014b，2014c）。Au 和 Henderson（2006）就指出，中国政策对人口迁移行为的限制，导致城市规模效益发挥不足。其余的相关研究还有 Berry（1961）、Henderson（1988）、藤田昌久和蒂斯（2004）等。另外，Henderson 和 Wang（2007）对世界范围内 1960~2000 年超过 10 万人的大都市（区）的数据所进行的分析也证实，政治制度和技术进步强烈地影响着城市数量和城市规模，并且民主程度的提高将有利于小城市的发展。现实中城市是一个系统，包括经济层面以及社会、政治、文化和生态等多维度。在具体的模型设计中，为简化分析，往往将这些制度环境背景假设为不变，只抽象出经济因素。但在实证研究中必须考虑到对这些因素的控制，否则不可能得到较为理想的结果。因此，可以认为这种分析视角有其可取之处。

（二）简单评论

对城市规模增长的几种分析方法，其研究方向及内容各有侧重，也各有其优劣势。

第一，单中心城市增长理论。这种理论假设完全竞争，与现实不符。该理论假设人口一定，一般不考虑迁移人口，只适用于单个城市的分析，无法同时考虑城市间及城乡间的互动作用。这是一种完全抽象的理论方法，在现实中难以操作。但其提出的“城市增长边界”具有一定的现实意义，因为城市的无限扩张将导致资源的粗放利用，不利于城市集聚效应的发挥。

第二，随机增长是一种概率方法。随机增长理论只是对城市规模增长的平均值进行预测，并且假定这些迁移人员全部是相互独立的，相互之间不存在社会关系，这一点显然与城市真实有机体的运行方式不相符。当然，在城市作为一个陌生的社会这层意义上来讲，该理论具有一定的基础，但完全假定相互独立性与现实脱离较远。

第三，等级增长理论是对中心地理论的拓展，它强调的是不同规模城市的结构表现为一种等级式的分布。这种理论也有着严格的假设前提，如对同质地形等的要求。这是一种基于几何学的分析，往往假定不同规模等级的城市之间存在着一定的倍数关系，现实中也的确存在一些类似等级式分布的例子，如中国的成都。但相较于本书想要探究的城市规模增长的机理而言，这种理论的分析更强调外在的客观表现，因此与本书的分析意图相去甚远。

第四，将城市人口规模增长率等同于人口（劳动力）迁移率。这种分析方法假定城市的人口自然增长稳定或为零，是一种对城市规模的直观计算方法，完全不考虑劳动力迁移的深层机理。而且，只有在了解了某个城市的经济增长、社会进步、资源环境状况的基础上计算该城市人口规模增长率，才具有一定的现实意义。但从劳动力迁移的角度来分析城市规模增长问题，对于一个处于快速城市化过程中的经济体而言具有十分重要的意义。

第五，非经济因素影响的城市规模增长。由于城市不仅是一个经济体，而且是一个经济、社会、政治等多维度的综合体。城市的规模增长也会受到包括经济因素和非经济因素在内的多重因素的影响。因此，这种分析思路有一定的现实意义，也照顾到了不同城市外部约束条件的差异，值得借鉴。

二、城市规模分布及增长模式实证研究

城市规模增长并不是独立进行的，总会涉及与其他城市的关系。而不同规模城市增长最终体现为一定的城市规模分布及增长模式，这种分布和结构也代表了单个城市的相对位序。一般认为城市规模分布有首位分布（首位分布中系数在变化时就会出现一些新的分布，如 2 倍关系、金字塔等）、位序—规模分布、等级分布等（Carroll，1982；周一星，1995；魏后凯，2011）。

较早对城市体系规模分布问题做出开创性研究的，主要是克里斯塔勒和廖什，其代表作分别为 1933 年出版的《德国南部的中心地理论》（Central Place in Southern Germany）和 1940 年出版的《经济的空间分布》（The Economics of Location）。由于理论的设定对 K 值要求太高，现实中能够符合理论推导条件的较少。但有的研究也证实了这种依职能种类和级别差异而形成中心地等级不同的关系。如 Weber（1969）利用印第安纳州 52 个郡（县）的数据，按人口将其分为四个等级，并发现相邻等级中心地距离存在理论上的近似 $\sqrt{3}$ 倍关系。Berry 和 Garrison（1958）调查了美国华盛顿州斯诺霍米什（Snohomish）郡 33 个稍小的中心地共 52 种中心职能（也称商店数），发现不同职能的店数与中心地规模存在一定的统计关系，并可以通过设定系数值得到每种职能的门槛值。

中心地理论以城市中心职能范围和种类划分各中心地等级，其假设和

推论都暗示着该理论更适合于特定完整区域的分析。另外，在实证分析中往往要做大量的数据收集工作（如确定中心职能），较为复杂。作为一种演绎推理，中心地理论不考虑供需形式、城市内部结构及居民的微观区位选择问题，强调了城市作为中心市场的位置，侧重于静态分析，最终形成一种充分利用空间的几何形空间排列、等级式的城市规模分布（廖什的理论推导出了更为连续的规模分布）。

对城市规模分布问题更多的是实证研究，但学者们并没有得出一致的结论。Eatont 和 Eckstein（1997）指出法国 1876~1990 年和日本 1925~1985 年在经历工业化、城市化的过程时，其各自最大的 40 个城市地区的规模分布都可以用位序—规模法则来描述。Ioannides 和 Overman（2003）利用美国 1900~1990 年 135 个大都市区的数据进行研究，发现城市规模分布的 Zipf 指数是下降的；而这可能是由于新的小城市的出现所导致的；并且只能说 Zipf 法则在城市规模范围较大时大致有效。Eeckhout（2004）利用美国 135 个最大城市及 135 个大都市统计区的数据进行研究，证实其符合 Zipf 分布律（但他是以美国 2000 年全部城市数据遵从对数正态分布为基础）。但 Black 和 Henderson（2003）质疑 Zipf 法则的有效性。另外，较早时期 Berry（1961）对 38 个国家进行国际比较发现，有 13 个国家（包括美国、巴西、中国、印度、6 个欧洲国家、南非、萨尔瓦多和朝鲜）符合位序—规模分布。这些国家或是规模较大，或有长期城市发展的历史，或是经济、政治环境复杂。而表现出首位分布的国家则在这几个方面表现出相反的情况。Linsky（1965）对表现为首位律的国家进行比较，也得出了类似的结论。Song 和 Zhang（2002）基于中国 1991~1998 年的地级市数据，发现中国的城市在 20 世纪 90 年代变得较为均衡，并且认为像中国这样的人口大国倾向于更为均衡的城市分布。Puga（1998）进行了比较研究，发现发达国家与发展中国家在经历快速城市化过程中人口在城市中的分布表现出一定差异：发展中国家首位城市占主导，而发达国家（尤其是欧洲国家）的城市人口大部分居住在中小城市，只有小部分在最大的城市，即拥有更为平衡的城市体系（more balanced systems of cities）。这与贝利有关发展中国家人口集聚于大城市的观点一致（2012）。

中国学者大多在实证分析中使用双对数一般形式进行计量回归，并以 Zipf 法则作为基准（即以标准的位序—规模分布为基准），来分析中国城市规模分布的集中程度的变化（陈勇等，1993；刘妙龙等，2008；吕作奎和王铮，2008；余宇莹和余宇新，2012；余吉祥、周光霞和闫富雄，2013；等等）。还有学者针对中国各类规模城市数量的变化，来观察中国城市规模体系的合理与否，如刘爱梅（2010），魏后凯（2014a、2014c）。另外，刘妙龙等（2008）在观察了位序—规模分布指数的变化后，借助等级钟理论来观察中国1949~1999年前100位城市的位序时空变化情况，发现不同地区的城市位序变化差异较大，如东部地区城市位序逐步提高，同时东北地区城市位序不断下降。

Sheppard（1972）认为位序—规模分布只反映了一种总体趋势，并抽象掉了城市的背景信息，并不是一种确定的分布。他指出Berry（1961）的分析是将一国的城市规模分布与其发展水平相联，但如果不考虑一国城市区位与社会经济特征的变化，就会降低这种研究的可信度。城市间存在相互作用，并且这种作用力是动态变化的，这会最终导致这种位序—规模分布的不稳定。可以说，他质疑了位序—规模分布对城市规模分布的代表性问题。Henderson（1988）指出，由于城市内部的供需结构的差异，不同类型的城市的最优规模或者均衡规模都是不同的。Barry（2008）针对位序—规模关系没有刻画城市人口的增长速率问题，提出了等级钟理论来解释位序—规模分布。他利用位序随时间演化的规律来揭示城市的发展。通过时变线的方向、时变的速率、新城市进入某个设定位序或原有城市退出该位序的时序先后，来直观地揭示位序变化所蕴含的城市发展时空差异。Gabaix（1999）则从随机模型推理出位序—规模分布是随机过程的极限分布。而Eeckhout（2004）的分析则表明，数据的完整与否可能会影响规模分布律对数据的拟合度，从而影响对正确规模分布律的判断。

第二节　劳动力（人口）迁移相关研究

迁移（migration）是对更好机会的反应，迁移者（migrant）期望提升自身的福利水平（马祖姆达，2003）。但“劳动力迁移”不同于“人口迁移”：前者强调的是经济学意义上的要素概念，以就业为导向；而“人口迁移”则包括以求职为目的在内的多种迁移行为（这种以求职为目的的迁移行为与中国以就业为导向的迁移行为一致）。另外，“迁移”（migrate）

也不同于“流动”（move），前者指迁移者离开其原有的就业与居住地，并在迁入地至少居住一段时间；而后者则强调的是居住地与户籍地的分离，多为短期行为。只有长期行为或说永久性迁移才对城市的人口规模增长有意义。可以说迁移者一定是出现流动的人，而发生流动行为的人不一定是迁移者（Peters 和Larkin，1989）。作为一种理性选择，劳动力迁移在中西方并无差异。但由于中国人口数量众多，劳动力迁移不仅规模巨大，而且带来的影响也更为突出。

以下简单介绍一下目前国内外对劳动力迁移问题的研究状况。从迁移的行为来看，我们发现主要以务工经商为主，是一种经济导向型的迁移行为；另外还有求学、旅游等短期迁移行为以及近年来因气候环境问题出现的环境移民（Bates 等，2002），因国内战乱、疾病、政治等非经济因素影响而出现的迁移行为等。但综合来看，以经济迁移行为为主。

考虑到中国自 1996 年进入城镇化快车道以来，迁移人口规模不断增长，并成为城镇化和推动城市规模增长的重要动力及核心内容之一。而发达国家中已经具有较高城市化水平的城市，在其城市化推进及城市规模增长的过程中，也往往出现过劳动人口大规模迁移的现象。因此，这里有必要先了解一下目前国内外对迁移所做的相关研究的进展。

一、国外主要理论及实证研究

迁移虽然意味着要离开自己熟悉的环境、亲人和朋友，进入一个陌生的环境，但人类历史上迁移行为一直在发生。迁移问题是劳动经济学、人口经济学、发展经济学、城市经济学等学科的重要研究内容。

Ravenstein（1885）研究大不列颠的迁移活动，并将之与人口规模、密度和距离等因素联系起来。他总结出几条规律：①大量为短距离迁移；②女性在短距离流动中占主导；③迁入流总会伴随着迁出流；④从城市腹地向城市迁移的活动是阶段性的；⑤迁移的主要动机是经济动机。其中，第一条表明距离因素对迁移活动的重要影响，而第五条表明人们迁移主要是受经济动机影响。推拉理论将所有影响潜在迁移者迁移行为发生的因素归为：来自迁出地的“推力”，如收入水平低下、就业机会少；来自迁入地的“拉力”，如高收入、就业机会多、良好的个人提升项目、更好的生活水平、距离远近等。并且通常这两股力量是不对称的，从而最终引起了人们的迁移（Lee，1966；Schultz，1982；蔡昉，2004；朱传耿等，2001）。当然，在这两股力量中还应考虑迁出地与迁入地之间存在着诸多障碍，如物理和心理距离等；还要考虑迁移者自身特有的因素，如年龄、人力资本水平等（Peters 和 Larkin，1989）。这几类要素都会从迁移的成本与收益方面起作用。有大量研究对这些影响迁移成本和收益的因素进行实证分析，如 Vanderkamp（1971）、Plantinga 等（2011）、Liu（2013）。

从人力资本理论来看，迁移的过程也是人力资本转移及积累（或称为投资）的过程，是除教育、营养等之外提升人力资本的重要途径（Tamura，2002；Fan 和 Stark，2008；舒尔茨，1990；明塞尔，2001）。一般认为，在一个经济体经济结构转型的过程中（主要表现由农业社会向工业社会转型、产业结构由以农业为主向以非农业为主），大量农业劳动力因农业生产效率的提高而被释放。劳动力迁移的过程也是劳动力资源配置优化的过程，尤其是从农村到城市的迁移，代表了劳动力从劳动生产率低的部门向劳动生产率较高的部门转移，从而极大地推动农村和城市经济部门劳动生产率的提高，并最终带来总体生产力的大幅提升（Lewis，1954；Lall 等，2006）。而一个经济体人力资本水平的提高，将大大有助于该经济体或区域经济的发展（Tamura，2006；Mathur，1999；Benhabib 和 Spiegel，1994）。Simon 和 Nardinelli（2002）认为，城市中有着较高人力资本的人口越多，长期来看城市增长越快；但这种知识的溢出效应仅限于该城市本身。Henderson（1988）更是指出，一个城市中高人力资本水平劳动力的集聚，本身就是吸引低人力资本水平劳动力的一个重要条件。而 Rosenthal 和 Strange（2008）也认为，受过高等教育的劳动力在一地的集聚将具有空间集聚效应，但随距离增加存在衰减的趋势。可以认为，劳动力的迁移有其必然性，在一个经济体经济结构转型过程中，由于产业结构升级方向不同，会出现不同规模及结构的劳动力迁移现象。但是，农村劳动力进入城市，会与城市中低技能的当地居民形成就业上的竞争，从而降低这一部分群体的工资水平，并挤出替代一部分当地就业，出现社会福利水平的波动，托达罗模型（Todaro’model）就对这种影响进行了模拟（Lall、Selod 和 Shalizi，2006）。但这种模型的政策往往暗含着为保护当地居民的就业及福利水平，地方政府应适当控制外来移民数量的意思。

一些地理学学者关注迁移行为最终在空间上的分布，即这些迁移者向哪些规模类型的城市迁移，是否能够反映出迁移者对城市规模大小有所偏好。不过批评者也指出，这种分析忽略了城市的相对区位。如一个孤立的城市与一个和周边城市通达性较好的城市，它们对人们的吸引力是不同的（Peters 和 Larkin，1989）。

由于发达国家一般不存在二元结构问题，在理论分析中，劳动力市场的分析都暗含着劳动力自由流动的假设（Henderson，1988；Eeckhout，2004；等等）。新增长理论将经济增长的根本原因理解为技术进步，其中对于“干中学”的分析，以及城市经济理论中对于集聚经济微观基础的劳动力蓄水池、匹配及知识的扩散，都暗含着劳动力迁移因素（Duranton 和 Puga，2003）。一般认为劳动力迁移（或说人口迁移或人口流动：早期为农村人口向城市的迁移，但目前发达国家面临的更多的是国际移民问题）对于经济增长的影响，分为迁入地和迁出地的差异。对于迁出地而言，人地压力大大缓解，有利于农业劳动生产率的提高。迁移者通过汇款等形式带回来的收入又在一定程度上解决了当地居民融资受限的困境。对于迁入地的影响则存在着不确定性，既可能充实当地的劳动力市场，也可能会形成对当地就业的竞争（Ravenstein，1885；Lall 等，2006）。集聚经济理论将劳动力迁移看作伴随企业（产业）集聚而来的劳动力要素集聚的过程，也可以说是一种经济导向的迁移行为。目前主要有两种观点：一种认为在完全竞争假设前提下，企业主和劳动者为享受外部性而形成专业化的集聚；另一种认为在不完全竞争假设前提下，由于规模收益递增以及运输成本和需求市场的权衡而出现了经济活动的集聚（Henderson，1988；Henderson 和 Wang，2007；Krugman，1990、1995；藤田昌久和蒂斯，2004；等等）。伴随新经济地理理论对于集聚经济的解释，一些学者将劳动力迁移与新经济地理理论结合构建模型，验证新经济地理理论提出的前向关联及后向关联效应：需求市场规模较高的地区会吸引企业进入，从而提高对劳动力的需求；由于工资水平存在差异，劳动力会向这样的城市和区域迁移，增加当地劳动力供给，同时也会进一步提高当地的需求市场规模（Pons 等，2007）。

主要发达国家在 19 世纪中期至 20 世纪中期（欧洲国家主要在 19 世纪）经历了快速的城市化过程（Puga，1998）。发达国家目前城市化水平较高，其城市人口规模的变动更大程度上受城市人口自然增长的影响。但这些已经实现了工业化的国家，在其快速工业化、城市化的进程中也都出现过大规模的劳动力迁移现象，与工业发展、集聚的方向是一致的；但与发展中国家相比，其城市部门劳动力供给弹性偏低（Pons 等，2007；Puga，1998；王章辉和黄柯可，1999）。由于发达国家本身没有像发展中国家那么大规模的农村劳动力供给，且目前多已完成城市化，主要面临的是外来移民（immigration）问题，如 Bertoli、Moraga 和 Ortega（2011）考察了 20 世纪 90 年代经济危机后出现的大量厄瓜多尔人向美国和西班牙迁移的现象，并发现，收入更高时人们向美国迁移的数量要高于西班牙，且教育水平越高收入水平越高。另外，国际移民同样涉及对当地居民就业和工资收入的影响（Borjas，2006）。Matthei（1996）特别提到了跨国迁移中的性别差异、社会关系网。总体而言，相较于国内移民而言，国际移民涉及不同民族，不仅存在经济问题，还涉及社会、文化、政治等问题，情况更为复杂。

对发展中国家的分析，最有影响力的是以刘易斯、托达罗为核心发展并完善的二元经济理论。二元经济理论借用古典经济学框架，专门针对发展中国家区别于发达国家的以劳动力作为稀缺资源而存在大量剩余农村劳动力的情况，提出了劳动力无限供给的观点，即在以农业部门提供的生存工资水平（subsistence earnings）之上劳动力的供给超过了需求，并在这种假设前提下来分析发展中国家的问题，得出一些有益的结论，即发展中国家在应用一些经济理论模型的过程中，设定假设时应考虑到自身与发达国家存在着资源禀赋的差异，即发达国家往往资本相对便宜，而发展中国家则存在着无限供给的廉价劳动力，否则会得出与事实不符的结论（Lewis，1954）。刘易斯（Lewis）的劳动力无限供给的理论强调，农业劳动力会对城乡工资差距做出反应。与此不同，托达罗、哈里斯认为潜在迁移行为主要受城乡间预期收益差的影响，同时城市失业率所表征的就业机会大小，也影响着潜在的迁移行为。与前者不考虑劳动力是否能够在城市部门顺利就业不同，哈里斯—托达罗模型认为低收入国家的城市部门往往也不能充分就业，存在一定的失业现象。因此，迁移农村劳动力的不一定能够顺利就业，还有可能存在其与城市劳动人口就业机会的竞争。于是，两个模型的政策建议方向是不一样的：前者鼓励城乡迁移，因为城乡迁移既促进就业，也是经济增长的关键；后者认为在必要的前提下，可以对乡—城迁移行为进行必要的限制，以减少城市失业率激增的可能，保护城市居民的福利不受影响。但其实两种理论都有其道理：刘易斯所指出的发展中国家存在大量隐性失业的事实与托达罗等人指出的低收入国家城市失业现象是并存在的；另外，农业迁移劳动力在城市中往往与城市本地居民错位竞争就业岗位，故也存在着一定的竞争。并且，从整体上来看，鼓励乡城迁移利大于弊，因为迁移对经济发展、城市化的推进都起着极大的促进作用。Lall 等（2006）和马祖姆达（2003）专门对研究发展中国家城乡迁移的理论及实证研究做了梳理，总体上认为迁移行为有其合理性，并有助于劳动生产力水平的提高。

从实证的角度来看，影响劳动力迁移的因素，主要集中于能够影响迁移收入和成本的方面。马祖姆达（2003）指出这些影响因素主要集中在三个方面，即距离、人口和经济变量。其中，距离是最普遍的一个要素，人口的累积对迁移的影响呈现动态变化（一定量的初始迁移者代表着关系变量，会形成一种迁移惯性，但当人口较多时可能会对新的迁移进入者起到抵制作用），而经济变量则包括目的地与出发地的收入、劳动市场就业条件等。Vanderkamp（1971）认为，劳动力迁移与经济发展阶段相适应，因此，在实证分析中反映距离与收益的变量不可能完全相同。另外，学者在分析中往往对劳动者进行同质化处理，但实际上，劳动者本身处于生命周期的不同阶段，其迁移动机、迁移意愿不可能完全相同；而且，不同地区或区位给劳动者提供的效用程度不同。Schultz（1982）就较早地区分了不同受教育程度对迁移的影响，对劳动者的迁移决定因素的差异性进行了研究，他发现，受教育水平较高的男性更容易迁移，而且受距离的影响较小，并且他们对相对工资和就业机会差异的反应更敏感。Cecile Detang-Dessendre 等（2002）利用法国的大样本数据进行的研究表明，不仅处于生命周期不同阶段的劳动者的迁移意愿和动机不一样，而且来自不同类型的地区（城市核心区、城市边缘和农村）的劳动者的迁移意愿和动机也是不一样的。不同于一些学者区分就业动机和居住动机的分析视角，笔者认为两种动机共同影响着劳动者的迁移行为。近年来，气候环境问题频发，为躲避环境问题带来的灾害，人们不得不进行迁移（Bates，2002）。

从劳动力迁移的分布来看，迁移行为并不是均衡分布的，往往集聚于一个经济体的某些区域或中心。如 Zaiontchkovskaya 和 Nozdrina（2008）利用俄罗斯联邦对 10 个区域中心的社会人口调查数据进行分析后发现，俄罗斯西部发达地区对于西伯利亚和远东地区的人口具有较强的吸引力，而西部地区的劳动力很少愿意去东部。这种劳动力的迁移进一步加剧了俄罗斯境内人口的不均衡分布。Borjas（2006）指出，外来移民在美国主要集中在少数几个地区。以 2000 年的数据来看，69.2%的外来工作者分布在加利福尼亚、纽约、田纳西、佛罗里达、伊利诺伊和新泽西这 6 个地区，比美国本地居民集聚程度要高。

对劳动力迁移的影响，尤其是乡—城迁移的影响，出现了两种相反的观点（Vanderkamp，1971；Lall 等，2006；Au 和 Henderson，2006；Fu 和 Gabriel，2012；Fan 和 Stark，2008；Borjas，2006）：一种观点认为劳动力的乡—城迁移总体上是有利的，或至少可以被引导为有利的现象，而限制迁移则将抵制集聚效应的发挥及劳动生产率的提升；另一种观点主要以托达罗模型为基础，考察了迁移对城市居民的福利影响（主要表现为就业岗位的减少及工资水平的下降），认为受到限制的迁移有利于社会福利水平的提升。

二、国内研究梳理

由于中国劳动力迁移行为的阶段性，即与城市化不同步，是一种在户籍制度背景下由于人户分离而出现的阶段性现象，于是一些学者就沿用“流动”的概念。这种状况与中国现阶段国情有关，中国以乡—城迁移为主体的劳动力的迁移行为实质上只是职业的地域转换，并没有同步实现在迁入地的居住，即没有取得永久居住权，带有“两栖”特征。当然，这主要是由于中国城乡分异的户籍管理制度及户籍背景附带的城乡福利差异问题。因此，中国的城市化被称为“半城市化”。马达姆祖（2003）提到过，发展中国家的城市移民具有暂时性特征。其中，中国的农村外出迁移人口，在社会转型的特殊时期被给予“农民工”、“农村外出务工人员”等称谓，并组成了中国乡—城迁移人口的主力。在这种转型与城乡户籍分割的背景下，中国学者对流动人口的研究也呈现出多样化的局面，张展新和杨思思（2013）就对国内学者对流动人口的研究现状进行了梳理，包括所使用的概念、所用数据类型及多个研究议题。

国内以蔡昉为首的一批学者对劳动力迁移做了大量的跟踪研究工作，包括对迁移的微观行为和宏观影响、理论及实证研究等都有涉及（蔡昉等，2003）。这些学者的研究主要以刘易斯的二元经济理论为基础，认识中国劳动力迁移的特殊背景环境。但总体上来说，他们认为劳动力流动对经济增长具有正向的促进作用，为中国经济增长提供了重要的“人口红利”，表现为资源配置水平的提高、地区收入差距的缩小，但这些迁移劳动力长期处于被边缘化的地位（蔡昉，2004）。学者们认为近年来中国劳动力供给模式将迎来刘易斯拐点，无限供给的状况在逐渐发生变化（蔡昉，2010）。国内的研究问题及方法，与国外既有类似之处，也有因中国国情而表现出的差异。本书做了简单的归类①。

1. 迁移动机及影响因素分析

一些学者对迁移劳动者的人口特征进行分析，如王春蕊（2010）和梅燕（2010）偏重于人口学层面的分析；还有一些学者对迁移动因或者说影响因素进行分析。这类分析主要是借用迁移理论中的推拉理论来考虑迁入地对迁移的吸引力，以及哪些因素影响迁移者的行为选择，成为推动力量，但这类研究以就业动机为主，尚未区分不同动机影响程度差异，如庞丽华（2001）、任吉（2013）、易苗和周申（2011）、李建平和邓翔（2012）、朱传耿等（2001）、刘妮娜和刘诚（2013）、吕晨和孙威（2014）。这也是人口经济学的重要研究内容，主要利用抽样问卷的微观数据。另外，一些宏观统计研究，如吕晨和孙威（2014），蔡建明、王国霞和杨振山（2007），叶裕民和黄壬侠（2004），陈丙欣和叶裕民（2013）等通过对普查数据的研究也发现了一些有关迁移人口的空间行为特征，认为中国迁移人口的迁移流向与各地经济发展水平相关，以务工经商为主，是一种经济导向的迁移行为。

2. 迁移人口的宏观特征、空间分布及分布趋势的变化

不同于调查抽样的微观分析，这一部分主要利用全国人口普查数据进行宏观的人口迁移特征、空间分布、空间格局、时空趋势等分析，如刘玉（2008），段成荣和杨舸（2009），段成荣、吕利丹和邹湘江（2013），叶裕民和黄壬侠（2004），陈丙欣和叶裕民（2013），张付娟等（2013），鲍常勇（2007），王国霞、秦志琴和程丽琳（2012）等，更偏重于空间表现。通过对普查数据的研究也发现了一些有关迁移人口的行为特征，即中国迁移人口的迁移流向与各地经济发展水平相关，迁移动机以务工经商为主，是一种经济导向的迁移行为。迁移在区域、省际等层面表现出一定的差异，呈现出东部沿海为主要迁入地，而中西部地区为主要迁出地，并且在两次普查间出现了一些微小变化的趋势，反映出中国经济重心的改变。另

① 这里对文献的分类梳理难免出现遗漏，不能保证将所有的研究问题及方向列出。

外，一些研究报告还发现，中国城乡迁移劳动力已经发生了一些变化，如新生代农业转移人口迁移意愿更强，更希望在取得收入外获得一定的个人发展空间；家庭迁移比例日益增加，这种迁移会带来迁移行为的稳定等（国家卫生和计划生育委员会流动人口司，2013、2014）。刘盛和等（2010）利用“五普”数据，以区县为研究单位，划分出了四类流动人口地域类型：净流入型活跃区、净流出型活跃区、平衡型活跃区和非活跃区。这种方法综合了净迁移量与总迁移量，对迁移规模及类型的分析更为全面。另外也有学者对个别省份劳动力迁入及迁出情况进行了分析，如翟振武和侯佳伟（2010）对北京市外来人口聚集区模型与发展趋势的分析，张付娟等（2013）利用第六次人口普查数据对陕西省流动人口的空间分布分析，王克亚（2009）对河南省农村人口流动对流出地经济发展的影响，郭云（2013）对四川省人口迁移流动与经济发展问题的研究等。还有学者构造指标体系利用主成分分析，抽象出几类最主要的影响因素（朱传耿等，2001；吕晨和孙威，2014）或是多元回归分析（李建平和邓翔，2012）。总体来看，学者们的分析以宏观数据为主、省际、区际层面分析为主。

3. 劳动力迁移与经济集聚关系

武晓霞和任志成（2007）关注东部制造业集聚与劳动力流动的内在联系及作用机制。范剑勇等（2004）考察了中西部农村剩余劳动力的跨区域流动对产业在空间上集聚的贡献。还有一些学者的研究表现在新经济地理理论的验证，如对需求市场或后向关系效应的验证（安虎森和殷广卫，2008；陈恩和于绯，2012；易苗和周申，2011；顾佳峰，2007；张文武，2011；赵宝廷和路卓铭，2008；李芬，2008）。

4. 迁移与人力资本的关系

农村劳动力向城市的迁移，也是人力资本向城市的积累和集聚；在地理空间上表现为空间集中程度的提高，同时有利于提高迁移者的人力资本水平，人力资本水平的提高主要通过迁移过程及教育培训效应等来实现（刘傅，2012）。另外，迁移劳动者自身的人力资本水平是不同的。地区间经济发展水平的差异，对于吸引不同层次人力资本水平的劳动力及实现其在城市稳定下来的影响是不同的，刘妮娜和刘诚（2013）利用调研数据分析得出，高层次流动人口在向经济发展水平更高的地区流动时，其稳定性更强。因此，迁移劳动力在迁移过程中，依据迁移方向的不同，会存在人力资本水平的差异，但分类会有一些不同，如按职业类型分（刘妮娜和刘诚，2013）或是按教育发展水平分（孙晓芳，2013）。由于数据可得性问题，存在很多不得不根据普查数据所做的宏观分析，如刘玉（2008）指出，在不同类型的地区中，流动人口的类型是不同的，如东北地区的流动人口可能更多是技能型的等。

5. 劳动力迁移与经济增长的关系

这是一个重要的研究内容，研究成果也较为丰硕。经济增长对于单个经济体而言是资源配置效率提高及生产力提高的问题；对于不同地区而言则是趋异和趋同的问题。对于迁移与经济增长关系的研究侧重点不同。总体来看，迁移有利于资源配置效率提高，从而提高劳动生产率；但从地区的角度来看，不一定能够缩小不同地区的生产力差距；但对于缩小不同地区的收入水平和消费水平有一定作用；经济增长的过程往往也是经济集聚的过程，因此需要考虑经济集聚与劳动力迁移关系。这一领域的研究较多，如许召元（2007），张明如（2005），陈恩和于绯（2012），韦倩等（2009），孙三百、黄薇和洪俊杰（2012），陈大红（2007），安虎森和殷广卫（2008），李芬（2008），岳锋利（2012），严超和常志霄（2011）等。其中，安虎森和殷广卫（2008）着重关注了中部地区由于劳动力要素快速向东部地区转移集聚而出现的“塌陷”问题。还有专门针对城乡劳动迁移是否会影响城市居民的就业以及对中国粮食供求格局的影响等的一些论证（梅燕，2010）。

6. 迁移政策分析

中国还有学者研究针对迁移劳动力的迁移政策的演变（佟文英，2009），迁移政策尤其是其中户籍限制对迁移的影响（段晋苑，2010；李建平和邓翔，2012）。这在很大程度上也涉及各时期城市规模政策的倾向问题。由于农业劳动力的城乡迁移行为与城市化过程并不同步，导致中国按户籍人口统计的城市人口规模和按常住人口统计的城市人口规模有很大差异，国内有很大一批学者研究农民工市民化的相关问题，如刘小年（2009）、国务院发展研究中心课题组（2011）、官锡强（2013）等。

当然，这种分类并不是绝对的，很多文献同时研究两个或两个以上的问题。如李恒（2008）、顾佳峰（2007）同时研究劳动力迁移分布特征及其与经济集聚的关系；和春雷和陈小琴（1996）则研究了劳动力迁移分布特征及迁移对经济增长的影响问题；李建平和邓翔（2012）的研究涉及中国劳动力迁移分布与迁移政策的变化；余吉祥和沈坤荣（2013）则认为劳动力迁移是经济集聚的结果，对中国的经济增长及地区差异形成一定的影响。

总体来看，中国学者所做的研究更侧重于实证分析（如对劳动力迁移数量、分布、发展趋势等问题的分析），借鉴国际已经使用的一些研究方法，并使用中国的数据进行对比；或利用国内数据来验证一些理论，如对无限劳动力供给、刘易斯拐点是否到来等问题的争论（以蔡昉为代表）以及对新经济地理理论中相关观点的验证等。

第三节　迁移与城市规模增长的关系

劳动力作为生产要素，在经济增长问题中被广泛讨论。如人力资本与R&D、公共基础设施等能够促进一经济体的经济增长，并产生溢出效应。劳动力迁移会带来要素的重新配置，有利于提高劳动生产率。另外，由于劳动力迁移涉及空间的变化，既可以是从一国到另一国，也可以是在一国之内，并且在国内主要是由农村到城市、伴随城镇化和工业化过程的较长时期的迁移。这不仅会带来要素在不同空间的优化配置进而造成区域经济增长的相关问题，包括经济增长的趋同和趋异问题，而且劳动力的迁移进入也会引发城市住房、土地使用问题，涉及城市内部及不同城市间的空间结构问题。另外，劳动力的迁移包含着两种行为，迁出与迁入，以典型的乡—城迁移来看，城市的规模增长往往伴随着乡村地区的衰落；而城市的规模增长并不是无限制的，也会出现一些人口大量迁出的城市的衰退或收缩问题（徐博和庞德良，2014）。

对于处于快速城镇化的经济体而言，大规模的劳动力城—乡迁移是一种伴随经济结构调整、生活方式变迁而出现的必然现象，这在已经实现了工业化的发达国家和正在经历快速城镇化的发展中国家同样适用。在城市人口规模自然增长稳定的前提下，迁移劳动力将是城市人口规模变化的主要来源。此时，劳动力的迁移行为，会从方向、数量、速度等方面影响着现有城市规模的消长及城市规模的分布变化。

一些学者也早已认识到劳动力迁移与城市规模变化之间的这种内在关系，尝试从劳动力迁移的角度来看待城市规模增长问题。上文已经简要介绍了国外的研究进展情况。中国学者周加来和黎永生在 Harris-Todaro 模型的基础上纳入集聚因素，建立城市人口规模均衡动态分析模型，得出城市最优规模应该是一个区间值：区间最大值是城市稳定时的均衡，最小值是农村萧条时的均衡。但由于这一模型假定城乡间人口自由流动，与中国当时的现实不符。安虎森和殷广卫（2008）利用循环累积和因果机制来解释中部地区劳动力要素快速向东部沿海地区转移集聚所导致的中部地区的“塌陷”。还有一部分研究偏重于实证分析，主要是利用全国人口普查数据及全国 1%人口抽样数据，来考虑中国人口迁移的空间特征、空间布局、流量及流向趋势等问题，还有些学者深入到了城市层面，但更侧重于人口的流向与分布统计分析，缺少进一步的经济机理的解释。朱传耿等（2001）、鲍常勇（2007）、王国霞等（2012）和段成荣等（2009，2013）虽然都是基于城市视角，但限于“五普”及以前的数据，需要在以上研究成果的基础上，进一步利用“六普”及更新的数据把握中国劳动力迁移在城市层面的变化趋势。

整体来看，已有的研究中，关于劳动力迁移对经济增长、经济差距影响的研究分量较重，但缺少空间维度；对劳动力迁移的空间布局分析多为统计层面的分析，没有进一步的理论支撑。因此，未来需要在将空间视角纳入的同时，将实证分析与理论基础相结合，进行深入、全面的研究。

国家统计局《2012 年全国农民工监测调查报告》的数据显示，2012 年中国全国外出农民工共 1.63 亿人，而 65%集中在地级及以上大中城市。长期以来中国户籍制度等相关制度对人口迁移所形成的束缚，导致中国的人口迁移及流动并不充分；并且由于种种限制，中国劳动力迁移的过程与城市化过程，即城市人口规模增长的过程表现并不同步，表现出阶段性特征。很大一批学者关注农业转移人口“市民化”问题，即农业转移人口虽然实现了职业的非农化，但却没有同时实现居住的非农化，仍然会周期性地回流，农村仍是一个缓冲地，这在金融危机中就业减少的背景下表现最为明显。另外，人口过度向一些大城市集中导致城市病的问题出现，并且对于“城市病”与人口规模的关系有过很长一段时间的争论。中国特大城市还将限制人口规模作为其城市发展的政策目标。目前已有学者澄清，认为人口增长与“城市病”之间没有直接的因果关系（王宁，2015）。对此，刘爱梅（2011）着重研究了中国城市规模分布与资源配置状况之间的匹配情况，认为中国城市规模表现出两极分化的特点。魏后凯（2014a）认为之所以如此，很重要的一点是因为，大中小城市在就业机会、收入水平、公共服务设施等方面差异较大，进城农民表现出向大城市尤其是向特大城市迁移的强烈意愿。可以说，由于中国与发达国家的经济发展阶段、城市化水平不同而且在国情方面存在差异，国内外学者关注的焦点是不同的。但总体上学者关注较多的是劳动力流动与经济增长相关领域的问题（如前文所列），即城市经济规模增长问题。研究视角比较单一，多关注较为宏观的省际、区域层面的劳动力迁移，对城市层面的分析较少；并且没有将劳动力迁移的人口空间统计特征分布与城市规模增长联系起来，并探究其中的经济机理。

虽然学者们关注的问题或角度不同、方法各异，但目前学者一致认为：中国的人口迁移主要表现为城乡人口迁移，且经济发达地区、经济发展水平较高的城市，尤其是东部沿海的大城市吸引的迁移人口最多。但其实，不同规模城市对迁移人口，更进一步来说，对差异化的迁移人口的作用力不同，反映在空间上则是不同地区迁移劳动力的人力资本水平不同（刘玉，2008）。因此可以说，劳动力迁移是城市化过程中的重要内容，是城市发展及城市化推进的重要条件。不同规模城市增长过程中对于迁移人口的作用机制不同，并且在大量劳动力迁移的不平衡分布中，最终形成了中国目前不同规模城市的内部结构（主要是观察人口是否呈集聚分布，吕晨和孙威（2014））及外部空间分布差异。就像 Henderson 文章中对于不同规模城市的分析认为，存在着一定的产业结构类型对应，不同的城市经济结构及发展阶段对于不同迁移人口的吸引力不同，最终产生的迁移流向及分布也会有很大的差异。不可能通过严格控制人口规模来限制劳动力的迁移。

第四节 小结

结合前文的分析来看，关于城市规模增长的研究，更多关注的是城市人口规模增长所形成的分布变化情况，且侧重于实证分析。对劳动力迁移的研究，既有微观行为及人口学特征分析，又有宏观效应研究；既有理论探讨，又有实证验证。总体来看中国更侧重于实证。但将劳动力迁移的微观行为与城市规模（延续研究习惯，这里主要指人口规模）的宏观表现联系起来，并探讨劳动力迁移对城市规模增长影响以及城市人口规模增长机理的相关研究较少。当然，也有对城市化过程中城市经济增长机制的研究，如邹璇（2009）和李芬（2008），但这些研究多从增长理论出发，人只是作为一种要素存在而已。我们可以理解为关于城市经济规模增长，即城市经济增长问题的研究较多。这是因为劳动力的区域迁移可以被视为劳动力要素的流动，会对要素的配置、经济增长带来影响。因此，大量研究关注劳动力的迁移或流动对于不同地区、全国经济增长的趋同或趋异问题的影响。从国内关于劳动力流动对经济增长的影响的大量研究成果就可见一斑。考虑到中国自 20 世纪 90 年代中后期尤其是进入 21 世纪以来，人口出生结构已经进入低生育增长时期，城市的人口自然增长逐步趋于稳定甚至为负。在这样的背景下，劳动力的迁移，尤其是以乡—城迁移为主体的迁移行为不仅为城市带来了新的劳动力要素，同时也推动了城市的人口规模增长，并成为城市人口规模增长的一个重要来源。而从劳动者自身的角度出发，向城市的迁移也是一个区位选择的问题，那么迁移中表现为怎样的一种动机驱动？城市中的哪些因素在影响着劳动力的迁移选择，进而对城市的人口规模增长及城市规模结构体系产生影响呢？这样一来，既需要考虑到微观层面迁移动机的变化，又要从宏观上考虑城市对迁移的吸引力。可见，从劳动力迁移的角度来研究城市规模增长是非常有意义的。

具体来说，劳动人口迁移将带动要素的重新配置，有利于提高劳动生产率。另外，由于劳动力迁移涉及空间的变化，既可以是从一国到另一国，也可以是在一国之内，并且在国内主要是由农村到城市、伴随城市化和工业化过程的较长时期的迁移。这不仅会带来要素在不同空间的优化配置进而造成区域经济增长的相关问题，包括经济增长的趋同和趋异问题；而且劳动力的迁移进入也会引发城市住房、土地使用问题，涉及城市内部及不同城市间的空间结构问题。因此，劳动力迁移作为城市化过程的主线，不同利益导向的迁移行为既与城市经济的增长相关，也与城市人口规模的空间表现相联系。脱离城市人口规模来谈经济增长问题，往往会导致研究缺乏空间维度。经济是机理，人口规模是表象，而人的迁移流动是其中的主线。

劳动人口的迁移对于不同地区及城市的经济影响主要表现为趋同和趋异的问题；但除此之外，由于迁移的流向及流量在空间的分布变化，迁移对于城市的人口规模增长和不同城市的规模分布结构会造成一定的影响。当然我们可以简单理解为劳动力迁移进入城市，自然就是城市的规模增长。但什么样的动机促使劳动力做出了迁移选择？为什么会进入一座城市而没有进入另一座城市？劳动力的迁移选择对于单个城市的规模增长，进而对于不同规模城市的规模分布造成怎样的影响？这些问题都是相互关联的。单纯对城市规模进行统计，对规模结构分布进行实证分析，并没有涉及背后的机制问题，对理解现实没有太大意义。中国城镇化水平已经超过了50%，未来城镇化还将会处于一个比较快的发展阶段，这就意味着中国劳动力的跨区域迁移流动还将持续。只有了解了这种机制，才不至于将迁移与城市人口规模对立起来，也不会将控制人口规模作为单纯的城市发展目标。

需要明确一点，城市人口规模不只是一个绝对量增长的问题，一个城市的人口规模增长还会受到诸多条件的限制：城市人口政策、城市环境资源承载力、城市经济目标等。城市规模的增长虽然主要是其背后的经济机制在起作用，但还会涉及城市治理、城市政策、生态环境保护等多维约束条件，因此相较于城市的经济增长，一些非经济因素发挥着重要作用。

总之，城市化的过程往往表现为城市规模的增长。城市规模的增长包括经济规模、空间规模及人口规模等方面。城市是一个集聚体，而人口在城市的集聚则是城市化与工业化过程中的重要内容，人口的集聚是一种巨大的资源（Jacobs，1970）。劳动力的迁移，尤其是乡—城迁移，不仅能够促进城市经济规模的增长，也是城市外在人口规模增长的反映，这种增长在空间上往往是不平衡的。另外，劳动力的迁入和迁出实现了城市化过程中城市规模增长与乡村规模重新布局的动态转移，所以不能忽略乡村的变化。目前，相关研究较多地关注城市化过程中的城市经济增长问题，而对城市规模增长（主要表现为人口规模的增长）的关注更侧重于统计实证分析，缺乏对其内在机理的探讨。由于目前对于“城市病”担忧的存在，城市与人口似乎被对立起来，两者关系出现恶化，进而出现只要经济增长而不要人口增加的片面城镇化的情况。本书希望从劳动力迁移的角度入手，将其作为一条重要线索贯穿城镇化的过程中，考虑劳动力迁移与城镇化的互动，包括劳动力的迁移选择、城市对劳动力的吸引、劳动力对城市化的影响，结合相应的统计及计量分析，探讨城市规模增长过程中两者的相互作用机理。

本书结构安排如下：第三章构建基于劳动力迁移的城市规模增长模型，形成全书的理论分析基础；第四章对中国劳动力迁移与城市规模增长的关系进行统计性描述，侧重于对宏观现状的分析；第五章从微观上考察劳动力迁移动机的变化，从而支撑全书的分析；第六章从城市角度观察哪些因素有助于形成城市对迁移劳动人口的吸引力，从反面支撑第五章的结论；第七章是结论与展望部分，主要是对全书分析的总结，尤其是对迁移对城市规模增长的作用机理的抽象，并提出有针对性的政策建议。这样从理论到实证，以期形成一个较为全面的分析框架。

第三章 基于劳动力迁移的城市规模增长模型

第一节 理论背景

在城市经济学家看来，城市规模的增长及城市内部功能布局的形成，是在市场经济完全竞争条件下居民对自身区位选择过程中的一个自然结果。其中，最为著名的是基于传统单中心城市土地竞租理论的单中心城市增长理论。

土地竞租理论是从屠能的农业区位理论发展而来。屠能的农业区位理论用于分析在完全竞争的市场环境下，城市外围的农业用地如何实现纯收益（地租）最大化。距离城市市场远近不同运费会不同，故距离城市最近的土地将种植农业地租最高的农作物，以此类推，最终形成一个有名的"杜能环"，即以城市为中心由里向外依次为自由式农业、林业、轮作式农业、谷草式农业、三圃式农业、畜牧业等农业圈层结构（魏后凯，2011）。

阿隆索（Alonso）将这种分析思路用于分析城市内部区位的竞租和最优土地利用。他认为，城市不同区位上的经济活动是由这些活动所能支付的地租决定的，提出了竞租函数概念。不久，其他学者进一步讨论城市居民的住房区位问题，将土地需求作为一种引致需求，发展成为 Alonso-Muth-Mills 模型[①]。这种模型考虑城市内部的土地市场与交通系统的相互关系，城市规模最终取决于由交通成本与房租共同决定的城市边界，距离城市中心越远，土地租金和人口密度越低，因此在市场力量的驱动下会自

① 参阅《区位和土地利用》2007 年版的译者前言。

动形成一种合理的城市内部空间结构和空间布局。在实现各个区位点居民效用相同的前提下，最终农业地租效用与城市效用相等的区位点即是城市增长的边界（《新帕尔格雷夫经济学大词典》）。Wheaton（1974）区分了封闭和开放经济（区别在于是否假定城乡迁移行为存在）并进行了较为完整的分析；Bruceckner 和 Fansler（1983）则通过实证分析证明了该模型的推论结果，即城市规模是由人口、收入、农业租金和通勤成本共同决定的。

总体来看，这种理论借助于城市内土地利用和交通系统的关系，来分析城市居民的区位选择，当所有居民在空间各处达到效用相等时，即实现了城市土地利用的最佳利用状态；城市土地价值由外生的农业租金决定，它也决定了城市的边界，即城市的空间规模。在市场力量的作用下，城市内部区位选择会实现自动均衡（实为长期均衡），这也就决定了均衡状态下城市的人口规模。但这种模型并不考虑城市内部的产业结构与城市间的相互作用问题。CBD 在分析中被抽象为一个点，暗含着就业机会已经存在，但该理论并不解释其为什么会集中在 CBD，即这种经济集聚是如何形成的。这种根植于古典区位理论的城市区位分析思路，延续了德国传统的几何分析方法，借助均衡时城市增长边界所确定的半径，得到城市的空间规模（即求圆的面积）。进一步地，在假定城市居民使用一定的居住密度前提下得到城市的人口以及空间规模。城市的空间概念表现在一条向下倾斜的竞租曲线中。由于假设城市为单中心，不考虑城市与其他城市间的相互作用，这仍是一种静态分析①。当然，我们认为该理论的完全竞争、同质平原等假设前提与现实存在较大的差距，单纯的几何分析方法过于抽象，但这种分析也为后来的研究者提供了进一步发展、完善的基础。

单中心城市空间规模理论是一种完全竞争分析框架，并不考虑城市集聚效应发挥所带来的规模收益递增问题。集聚经济理论则认为城市的形成和发展与集聚经济相关，而集聚经济背后是各种规模经济。从这种意义上可以认为，集聚理论也是一种城市增长理论。这种规模经济会吸引企业及劳动力向城市集聚，即使在企业层面表现为规模收益不变，仍可以实现外

① 如 Anas（1978）认为 Alonso 及其后续者的这种静态分析理论无法解释美国大城市中心的衰落，故提出了一个动态模型，将房地产的耐久性和再建的昂贵成本、跨期资本投资性及城市家庭的流动性三个要素纳入考虑中。城市表现为每一期增加住房投资，从中心向外一圈圈发展，认为城市是历史发展的结果。这可以被认为是对该静态分析理论的发展。

在（产业或城市层面）的收益递增。同时，随着人口和企业的集聚，也会出现集聚不经济，表现为通勤成本、时间的增加，拥挤效应等反作用力会抵消一部分规模收益。两种相反的作用力塑造着城市的内部结构及外部规模形态。城市间产业构成和区位条件存在差异，由此带来的不同人口水平上的集聚经济也不同（Black 和 Henderson，2003）。

但学术上对集聚经济的表现形式一直存在争论。其中一支遵从新古典经济学的框架，以完全竞争假设为前提，利用外部性来解释这种人口及企业向某些城市的集中。这种理论对外部性形成的微观基础没有一个统一的框架，而是采取了枚举方法，认为分享劳动力市场、基础设施、中间投入及知识外溢等均会带来外部性（Duranton 和 Puga，2003）。也正是由于缺乏统一的微观基础，这种理论的模型化、数量化受到了影响。Henderson（1988）就以这种完全竞争的外部性为基础，得到了一个不同规模城市体系的模型，假定人口已经存在，城市居民既是消费者也是劳动力的供给者。在代表性理性个体的假设下，劳动力市场均衡时的人口即为城市人口规模。一个经济体快速城市化和工业化的过程，往往也是集聚经济不断增强的过程；劳动力的大规模迁移流动是其重要的表现形式（资本的流动也是一种重要表现形式），城市的规模增长及形成的城市体系则是其空间上的表现结果。而只有劳动力规模或说城市的人口规模与自身的产业结构及增长相适应，才是合理的城镇化道路和城市规模结构体系。从这个意义上讲，Henderson 等人的分析有一定的现实意义。

另一支由国际贸易理论演化而来。这一支将分析国际间差距扩大及趋同的理论适用于区域间、城市间的区位问题。如生产差异化产品带来规模收益递增；垄断竞争力量的形成有利于促进城市的增长。之后，在此基础上，纳入经济地理因素的新经济地理理论同样借助于产业组织理论中的垄断竞争的分析方法，打破了完全竞争的假设，讨论劳动力自由流动的背景下，运输成本、规模收益和市场需求之间的相互作用如何塑造并形成城市的集聚型增长。即经过循环累积效应，要素越来越向某个城市集中，城市间表现出差距的扩大或缩小，即趋同及趋异（Krugman，1990；克鲁格曼 2000）。如 Puga（1998、1999）就利用新经济地理的理论框架，将乡—城劳动力迁移纳入模型中，分析不同类型的城市增长模式：平衡型的城市发展模式和首位型的城市发展模式。通过对比分析发现，欧洲国家与发展中国家城市发展的模式与规模存在着较大差异：欧洲国家为平衡型城市增长模式，而发展中国家多为首位型城市增长模式。这主要是因为欧洲国家城市化起步时交通成本较高，且没有像发展中国家这么大规模的农业劳动人口供给。在藤田昌久和蒂斯的著作中，仅仅利用人们想要集聚在一起的社会心理就形成一种城市的集聚体。

总之，城市是一个集聚体，是集聚经济作用的结果。对于这种集聚如何促成了城市的增长有不同的解释。一种观点遵从完全竞争假设，将其归于外部性。一方面，这种观点较为模糊；另一方面，正是其微观基础多元性的特征反映了集聚类型的差异。贸易理论中，在不完全竞争假设前提下，区域间的贸易有利于促进就业向制造业中心转移，从而引起劳动力的迁移流动。劳动力流动与运输成本、规模收益递增之间存在相互作用，但劳动力流动并不是起主要作用的。在新经济地理理论中，同样放弃完全竞争的假设，将新国际贸易的理论应用于区域层面。即使两个地区完全相同，但由于偶然事件的发生，在规模收益递增、运输成本与关联效应的互动中将出现经济向某一地集聚；并且这种集聚将进一步吸引要素的迁入，循环累积，最终有可能出现中心—外围的结果。该理论中，同样假定了劳动力的自由流动，但更多的是强调部门流动，即就业由传统农业部门向现代非农业部门的转移；并且它没有运输成本、规模收益所起的作用重要（Hanson，1997；Krugman，1990、1995；Puga，1998、1999；皮埃尔—菲利普·库姆斯等，2011［2008］）。

当然，城市的规模增长必然会涉及与其他城市的关系，也就是城市体系及规模分布的问题。对这一领域做出开创性研究的主要是克里斯塔勒和廖什。其代表作分别为1933年出版的《德国南部的中心地理论》（Central Place in Southern Germany）和1940年出版的《经济的空间分布》（The Economics of Location）[①]。中心地理论以城市中心职能的范围和种类划分各中心地等级，其假设和推论都暗示着该理论更适合于特定完整区域的分析。另外，在实证分析中往往要做大量的数据收集工作（如确定中心职能），较为复杂。作为一种演绎推理，中心地理论不考虑供需形式、城市内部结构及居民的微观区位选择问题，强调了城市作为中心市场的地位，偏重于静态分析，最终形成一种充分利用空间的几何空间排列、等级式的

① 对中心地理论的梳理主要参阅（周一星，1994；魏后凯，2011）及《新帕尔格雷夫经济学大词典》第一卷，第421-423页。

城市规模分布（廖什的理论推导出更为连续的规模分布）。但这种理论通过市场供需的经济活动将各中心地联系起来，并指出了不同等级的中心地存在职能级别的差异（主要表现在需求市场范围的差异），最终这些中心地或城市形成一种数量与规模相关的空间分布形态。因此，中心地理论为分析不同规模城市结构体系提供了一种理论视角，有其理论价值。

目前，城市增长理论主要依托于西方国家的城市发展实践。西方发达国家的城市化主要集中在19世纪中后期至20世纪中期，表现为农业人口（包括国外移民）大规模向城市迁移流动、集中，也是城市化水平增长较快的时期（王章辉和黄柯可，1999）。相应地，农业人口迁移会带来城市人口增长以及城市集聚效应的不断显现，并且这种集聚的表现带有一定的区位选择性，即人口的集聚并不是平衡分布的，而是往往在某些地区形成较为明显的集中。这种区域集聚形成的差异以及城市间增长趋同及趋异的问题，成为理论必须要解释的问题，故理论也应随之发展。

劳动力迁移作为一种理性选择，在中西方并无本质区别。但由于规模差异，中国的劳动力迁移在迁移的方向及规模上会给城市的增长带来更大程度的影响，效果也更为突出。西方发达国家也出现过城市化过程中人口大量向一些大城市流动的现象，但往往没有中国这么大的规模。按照国际经验，发展中国家的农村劳动力一般流向大型城市（Puga，1998）。因为大中型城市的产业集聚效应大于小型城镇，这符合发展中国家的一般经验。换句话说，发展中国家表现出较高的城市首位度。这是因为，作为城市人口增长来源的劳动力迁移行为中，由于国情、市情不同，政治、经济、社会等各方面的因素都在起作用，劳动力迁移会有不同的表现及效果。并且，由于劳动力迁移具有阶段性特征，其会随着城市化的推进而在量及质上表现出不断变化的阶段性特征，故需要以动态的眼光，从劳动力的迁移意愿及动机角度，深入分析其迁移行为的微观基础。

第二节　理论模型

中国自改革开放以来，东部沿海地区经济率先发展，在城镇化快速推进的过程中，出现了农村剩余劳动力的大规模迁移。劳动力的迁移既是一个经济体在快速城镇化过程中的重要内容，也是推动城镇化的重要动力。城市的增长是经济集聚的过程，而劳动力则是重要的集聚内容。从中国的现实出发，经济增长并不表现为完全竞争，且本书讨论的内容更偏于宏观的城市增长及其表现出来的增长模式问题，这里以新经济地理理论为理论基础，并在 Puga（1998、1999）模型的基础上根据中国的情况进一步扩展。新经济地理理论强调了规模收益、运输成本与城市间的迁移之间的相互制衡，并讨论了这种制衡如何导致了制造业活动的空间集聚。但城市化的过程中不仅有城市间的人口迁移，更多地涉及城乡间的人口迁移；不仅有部门间的流动，更有跨区域的迁移流动。

本书将主要以新经济地理理论及集聚理论模型为基础。Puga（1998、1999）在新经济地理模型的基础上，将跨区域劳动力迁移纳入到了模型考虑中，并考察了运输成本、劳动力迁移与规模收益递增之间的互动对城市集聚的作用机制。但他并没有对劳动力人力资本水平做进一步细分，而是重在对城市规模增长模式的分界值进行推导，其模型重点还是在于运输成本的分析。从劳动力迁移的角度来看，距离对劳动力的迁移意愿及行为选择有着重要的作用，但其对距离影响劳动力迁移意愿的机理没有进行过多分析。本文欲在 Puga（1998、1999）模型的基础上进一步扩展，借鉴 Forslid 和 Ottawono（2003）的方法，对假设稍做调整，纳入对劳动力人力资本差异的分析。另外，本书中所用“距离”为广义概念，既包括空间距离，也包括时间及心理距离。针对中国的实际情况，考虑在这种城乡劳动力大规模迁移的行为下，城市的规模增长表现为一种怎样的模式和规模分布。

一、基本模型

考虑一个两区域模型（i = 1，2）。每个区域都含有一个可能的城市（U）和广阔的农业腹地（R），且每个区域都可生产农产品和工业制造品。其中，农产品在农村生产，而工业制造品只能在城市生产。K_1、K_2 分别为两区域可用耕地数量。劳动力既可以在农业部门工作，也可在城市的工业制造业部门工作，他们依据福利水平差异做出迁移选择。因此人口分布最初是内生的，但会随着迁移而发生变化，总人口 $L = L_{U,1} + L_{U,2} + L_{R,1} + L_{R,2}$。这里先假定劳动力的人力资本同质，差异在于工作部门不同。

（一）农业部门

农业被认为是完全竞争的部门，规模收益不变，同时使用土地和劳动力两种投入要素生产同质化的农产品。农业部门的生产函数为 $Y_{R,i} = L_{R,i}^{\theta}K_i^{1-\theta}(i = 1,2)$，$L_{R,i}$ 和 K_i 分别为第 i 个地区农业部门雇佣的劳动力数量和使用的土地数量。

不失一般性地，可以进一步假定农业生产技术在各地相同，农产品价格 $P_A = 1$。为便于分析，这里不考虑农产品的运输成本。

在达到均衡时，农业劳动力工资为 $W_{R,i} = \theta L_{R,i}^{\theta-1}K_i^{1-\theta}$ （3-1）

农业地租为 $R(P_R, W_{R,i}, K_i) = \max\{P_R \cdot Y_i - W_{R,i} \cdot L_{R,i}\} = K_i \cdot r(W_R)$ （3-2）

$r(W_A)$ 为最大化收益下单位土地收益。农业地租一般为整个农业家庭成员拥有，可以认为是家庭的一种共同基金。其对农业工资求导为劳动—土地之比，即

$$r_w(W_R) = -\frac{\partial R}{\partial W_R}\bigg/\frac{\partial R}{\partial r(W_R)} = -L_{R,i}/K_i \tag{3-3}$$

（二）工业制造业部门

工业制造业部门生产差异化产品，属于不完全竞争部门。该经济体中的企业数量连续且是内生的，为 N_i。只使用劳动力一种投入要素。但生产 x(h) 数量的第 h 种产品不仅需要固定投入（α），还需要可变投入（β × x(h) 单位劳动力）。这种固定投入是规模收益递增的源泉。[①] 假定一个企业只生产一种差异化产品，不存在范围经济。企业有共同的生产成本，表达式为

$$C_i(h) = W_{U,i}(\alpha + \beta \cdot x_i(h)) \tag{3-4}$$

$W_{U,i}$ 为城市部门劳动力工资。

（三）偏好

模型中所有的劳动力工人也是消费者。消费者具有柯布—道格拉斯形式的偏好：对总体差异化的工业制造品有固定替代弹性 σ（σ > 1，当 σ = 1 时，产品相互独立不存在替代）。以下会证明，当企业数量众多时，对某种产品自身的价格替代弹性也为 σ（具体推导过程见附录 A）。

一个代表性消费者的间接效用函数为

① 规模收益递增可以有不同的表现方式，如中间投入品或固定成本等。

$$V_{s,i} = Q_i^{-\gamma} P_{R,i}^{-(1-\gamma)} W_{s,i} \tag{3-5}$$

$S = U, R$；$i = 1, 2$；$W_{s,i}$ 为该消费者在 i 地区 S 部门工作取得的收入，这里不考虑初始禀赋问题；$P_{R,i}$ 为当地农产品价格，Q_i 为 i 地区制造业产品的总体价格指数；γ 为制造业产品的支出份额。

$$Q_i = \left\{ \int_{h=1}^{N_i} [P_{Mii}(h)]^{1-\sigma} dx + \int_{h=1}^{N_j} [\tau P_{Mji}(h)]^{1-\sigma} dx \right\}^{1/1-\sigma} \quad (i \neq j) \tag{3-6}$$

制造业产品价格指数受单种类型产品价格及区域间运输成本的影响。$P_{Mii}(h)$ 代表区域 j 生产的第 h 种产品而在区域 i 销售的离岸价格。运输成本由消费者承担，并且采取“冰山”（ice-berg）形式，即为销售一单位某种产品，需要运送 τ 单位以弥补路途中的损耗（$\tau > 1$）。这是一种广义的运输成本，不仅代表实体运输成本，也代表不同地区间商业活动的交易成本。N_i 是内生决定的，为均衡时在区域 i 生产的产品种类，这里假定其是连续的。σ 为不同种类产品间的替代弹性。

（四）迁移

当不同地区及不同部门间存在效用差异时，劳动者会倾向于选择迁移。这里的迁移函数在 Puga（1998）处理方法的基础上进行了修正与扩展，将人口自然增长纳入。考虑到现实中中国劳动力市场的发展及劳动力结构的变化，本书认为仅考虑就业动机已经无法捕捉到更为复杂的现实。另外，托达罗的模型主要考虑的是部门迁移，而对跨区域迁移不予考虑。本书所使用的模型能够兼顾部门迁移与跨区域迁移，更为符合中国的实情。

经济学使用效用来进行人与人之间满足程度的比较，并以此作为人们理性行为分析中的目标，来得到社会最优的均衡结果。“效用”通常以不同种类及不同数量的商品及服务来体现，仅以工资收入来分析劳动者迁移过程中的初始动机本身就过于简单。虽然它能够抓住较为本质的东西，但仍难以反映丰富的现实。因此，本书的实证模型中仍以效用为基准，以最大化为标准，因而能够兼顾经济及生活，同时抓住包括就业导向动机以外的其他迁移动机的作用。

假说 1：随着中国劳动力市场的发育以及人们消费结构的改善，包括乡—城劳动力在内，中国劳动力迁移的迁移动机正在由单纯以就业动机为导向，向以就业为主的经济动机与其他动机并存的方向发展。简称劳动力迁移动机转变假说。

如果承认劳动力迁移动机的变化，可以进一步推论：城市的差异将影响城市对迁移劳动人口的吸引力。一些经济发展领先、公共服务供给能力相对较好、城市环境良好的城市，将会吸引以提高收入、享受更好的城市公共服务、改善生活环境等为目标的劳动力迁入。目前在中国城市间发展差异较大的背景下，一些大城市及特大城市往往要优于中小城市及小城镇。从而这种趋势的发展，有可能会对中国目前城市规模结构起到进一步极化作用。

这里假定，一个城市的人口规模增长来源有两个方面：一是人口的自然增长；二是城市以外的迁移人口。也就是说，一个城市的人口增长可以表现为两部分，即

$$\dot{L}_{s,l} = \phi \sum_{j=1,2} \sum_{r=U,R} \ln\left(\frac{V_{s,i}}{V_{r,j}}\right) L_{r,j} + n_{s,i} L_{s,i} \tag{3-7}$$

$\dot{L}_{s,l}$是对时间的导数，代表区域 i 的城市人口增量。$\frac{V_{s,i}}{V_{i,j}}$衡量劳动力个体迁移动机，不仅包括就业导向，也包含了其他方面。$\phi = \tau^{1-\sigma}$，$\phi \in (0, 1)$，衡量劳动者从 j 区域的 r 部门向 i 区域的 s 部门迁移的速度，反映的是物理距离、文化差异、心理距离、货币成本、掌握的就业信息等因素对迁移行为的约束作用①。$n_{s,i} L_{s,i}$ 代表人口自然增长的部分。

（五）一般均衡

假定城市部门工人工资为 $W_{U,i}$，则厂商生产 x(h) 单位的第 h 种产品的利润为

$$\pi_i(h) - P_{M,i} \cdot x_i(h) - C_i(h) = P_{M,i} \cdot x_i(h) - W_{U,i}(\alpha + \beta x_i(h)) \tag{3-8}$$

对 $x_i(h)$ 求导得

$$\frac{\partial \pi_i(h)}{\partial x_i(h)} = \frac{\partial P_i(h)}{\partial x_i(h)} \cdot x_i(h) + P_i(h) - \beta W_{U,i} = 0,$$

其中，$\frac{dx_i(h)}{dP_i(h)} \cdot \frac{P_i(h)}{x_i(h)} = -\sigma$

可得均衡时，$P_{M,i} = \frac{\sigma}{\sigma - 1} \beta W_{U,i}$ (3-9)

由于企业对自身产品都面临着固定替代弹性 σ，其产品价格均衡时为边际成本的加成价格。对于城市所有最大化收益的生产商而言，均衡时其价格相同。另外，企业进出自由，导致利润扩散，均衡时企业产出相同，

① 模型对劳动者进行了同质假设。现实中存在着个体的差异，故使用“冰山”形式的成本无法捕捉到不同空间距离的价格差异。

把式（3-9）代入式（3-8）可得

$$x=\frac{\alpha(\sigma-1)}{\beta} \tag{3-10}$$

因此，均衡时 $(x_i-x)\times N_i=0$，$x_i\leqslant x$，$N_i\geqslant 0$，$i=1$，2。

把均衡时的产量 x 代入成本函数，可得一个企业在区域 i 城市的成本为

$$C_i=\alpha\sigma W_{U,i} \tag{3-11}$$

利用谢泼德引理，区域 i 城市的劳动人口（模型中不考虑自然增长，均衡时的劳动人口即为城市人口）为

$$L_{U,i}=N_i\frac{\partial c_i}{\partial w_{U,i}}=N_i(1-\mu)W_{U,i} \tag{3-12}$$

区域 i 总的劳动力市场情况为

$$L_i=L_{U,i}+L_{R,i}=N_i(1-\mu)W_{U,i}-K_i r_w(w_R) \tag{3-13}$$

另外，区域 i 消费者对制造业产品的支出为

$$e_i=\gamma(L_{U,i}W_{U,i}+L_{R,i}^{\theta}K_i^{1-\theta})\text{（假定 }P_R=1\text{）} \tag{3-14}$$

式（3-14）括号内分别为城市部门总收入与农业部门总收入，γ 为制造业产品的支出份额。这里没有考虑利润所有者的消费。均衡时，利用罗伊恒等式 $x_i=-\frac{\partial V}{\partial P_i}\Big/\frac{\partial V}{\partial M}$（V 为间接效用，M 为收入）得到对某种产品的需求为

$$x_i=P_i^{-\sigma}[e_iQ_i^{\sigma-1}+e_jQ_j^{\sigma-1}\tau^{1-\sigma}](i\neq j) \tag{3-15}$$

把式（3-9）和式（3-10）代入式（3-6），可得区域 i 的价格指数为

$$Q_i=[L_{U,i}w_{U,i}^{1-\sigma}+L_{U,j}(\tau w_{U,i}^{1-\sigma})^{1-\sigma}]^{1/1-\sigma} \tag{3-16}$$

把式（3-9）和式（3-10）代入式（3-15），可得均衡时城市部门劳动力工资为

$$w_{u,i}^{\sigma}=(e_iQ_i^{\sigma-1}+e_jQ_j^{\sigma-1}\tau^{1-\sigma}) \tag{3-17}$$

二、劳动力迁移背景下的城市规模增长

假定两区域在技术、土地禀赋方面都不存在差异，即 $K_1=K_2=K$。城乡间（即部门间）、不同区域间的效用水平（福利水平）的差异，引起了劳动力的迁移，导致最初的城市、区域间的人口分布发生变化。假定城市人口规模增长全部来自劳动力的迁移，即

$$\dot{L_{S,1}} = \phi \sum_{j=1,2} \sum_{r=U,R} \ln\left(\frac{V_{s,i}}{V_{r,j}}\right) L_{R,j}，(n_{s,i}=0) \tag{3-18}$$

为分析迁移行为对城市人口规模增长的影响，或者最终城市人口规模增长表现为何种模式，这里考虑两种极端的情形：①平衡城市；②首位城市，稳定性问题。平衡的城市增长情形下，全部制造业部门平均分布于区域1和区域2的城市；首位城市增长情形下，全部制造业企业位于区域1（或区域2）的城市，区域2（或区域1）全部为农村。

（一）平衡增长

在平衡的城市增长情形中，制造业企业在区域间的两个城市均匀分布，两个地区的价格指数、名义工资相等，因此有

$$V_{U,1} = V_{U,2} = V_{R,1} = V_{R,2} = V$$

$$W_{U,i} = W_{U,j} = W_{R,1} = W_{R,2} = W_i \tag{3-19}$$

将式（3-9）、式（3-13）、式（3-14）、式（3-19）代入式（3-8），为简化分析，可以令 $\beta = (\sigma-1)/\sigma$，$\alpha = 1/\sigma$，从而 $P_{M,i} = W_{u,i}$。

$$\pi_i = P_i \cdot x_i - W_i(\alpha + \beta x_i) = \frac{1}{\sigma} P_i^{1-\sigma} e_i Q_i^{\sigma-1}(1+\tau^{1-\sigma}) - \frac{1}{\sigma} w_i = \frac{1}{\sigma} w_i^{1-\sigma}[\gamma(L_i W_i + K_i r(W_R))] Q_i^{\sigma-1}(1+\tau^{1-\sigma}) - \frac{1}{\sigma} w_i$$

在 $\pi = 0$ 处对上式取全微分，并同时对效用水平式（3-5）、价格指数式（3-6）和劳动力市场式（3-13）取全微分，有

$$Q_i^{-1} dQ_i = \frac{1}{\gamma} dW_i$$

$$(1-\sigma) Q_i^{\sigma-1} Q_i^{-1} dQ_i = T dN_i + (1-\sigma) N_i T dW_i$$

$$dL_i = dN_i + n\varphi dW_i$$

其中，$T = (1+\tau^{1-\sigma})$，$Q_i^{\sigma-1} = 1/N_i T$，φ 是城市劳动力供给对农村劳动力工资的弹性，$\varphi = \frac{W_R}{L_i - L_R} \cdot \frac{\partial(L_i - L_R)}{\partial W_R} = \frac{K \cdot r_{ww}}{L_i + K r_w}$，$\varphi \leqslant 0$。

想要保持平衡增长的稳定，需要有 $\frac{d\pi}{dN_i} < 0$，即企业不再进入，新的就业机会不再增加，因而也不能再引起新的劳动力迁移。

在 $\frac{d\pi}{dN_i} = 0$ 处求得[①]

① 在实际计算时，使用单位产出来简化计算。

$$\tau_S^* = \left(\sqrt{\frac{\gamma(\sigma - 1 + \gamma)}{N_i\gamma(1+\varphi) + \sigma(1-\gamma) - 1}} - 1\right)^{1/2(1-\sigma)}$$

其中，$N_i\gamma(1+\varphi) + \sigma(1-\gamma) - 1 > 0$ (3-20)

即当 $\tau > \tau_S^*$ 时平衡增长保持稳定。$\varnothing_s^* = \tau_s^{*1-\sigma}$，$N_i$ 越大，表明企业数量越多，就业机会越多，找到高收入的概率越大，对迁移行为的约束作用越小。

进一步地，利用 $L_{U,1} = L_{U,2}$，$L_{R,1} = L_{R,2}$，$L_{R,1} + L_{U,1} = L_{R,2} + L_{U,2} = \frac{L}{2}$ 及式（3-19），得到如下比例关系式：

$$\frac{L_{u,1}}{L} = \frac{L_{u,2}}{L} = \frac{\gamma}{2[\gamma + \theta(1-\gamma)]}$$

$$\frac{L_{R,1}}{L} = \frac{L_{R,2}}{L} = \frac{\theta(1-\gamma)}{2[\gamma + \theta(1-\gamma)]} \tag{3-21}$$

（二）首位城市增长

这里以城市仅在区域 1 存在，区域 2 全部为农村进行分析。对称分析结果是一样的。

假定所有的企业都在区域 1 的城市 U_1，生产制造业产品。在这种情况下，企业如果搬迁到区域 2，工人得到的工资将会低于其在城市 U_1 工作得到的实际工资，也会低于区域 2 的农业实际工资水平，因此企业强行搬到区域 2 将无法招到员工。此时，区域 2 消费的制造业产品全部从区域 1 进口，两地的价格指数分别为①

$$Q_1 = L_{U,1}^{1/(1-\sigma)} W_{U,1},\quad Q_2 = \tau L_{U,1}^{1/(1-\sigma)} W_{U,1} \tag{3-22}$$

假如企业在区域 2 想要招到工人，为工人支付的工资相比在城市 U_1，至少应达到的比例为

$$\left(\frac{w_{U,2}}{w_{U,1}}\right)^{\sigma} = e_2 Q_2^{\sigma-1} + e_1 Q_1^{\sigma-1}\tau^{1-\sigma} / e_1 Q_1^{\sigma-1} + e_2 Q_2^{\sigma-1}\tau^{1-\sigma} = \frac{e_2\tau^{\sigma-1} + e_1\tau^{1-\sigma}}{e_1 + e_2}$$

$$= \frac{e_2}{e_1 + e_2}\tau^{\sigma-1} + \frac{e_1}{e_1 + e_2}\tau^{1-\sigma}$$

对上式的左右两边同时乘以 $Q_i^{-\gamma}$，转为真实收入，

---

① 为方便分析而不失一般性，这一部分不再考虑企业自身中间产品消费。

$$\left(\frac{w_{U,2}/Q_2^{\gamma}}{w_{U,1}/Q_1^{\gamma}}\right)^{\sigma}=\left(\frac{V_{U,2}}{V_{U,1}}\right)^{\sigma}=\tau^{-\sigma\gamma}\left(\frac{e_2}{e_1+e_2}\tau^{\sigma-1}+\frac{e_1}{e_1+e_2}\tau^{1-\sigma}\right) \tag{3-23}$$

令 V 为均衡时劳动者的真实收入水平，有 $V\equiv V_{U,1}\equiv V_{R,1}\equiv V_{R,2}$。

进一步地，令 $v=\left(\frac{V_{U,2}}{V_{U,1}}\right)^{\sigma}=\left(\frac{V_{U,2}}{V}\right)^{\sigma}$ (3-24)

由式（3-12）得

$$e_1=\gamma(L_{U,1}w_{U,1}+L_{R,1}^{\theta}K^{1-\theta})$$

$$e_2=\gamma(L-L_{R,1}-L_{U,1})^{\theta}K^{1-\theta}$$

$$e_1+e_2=L_{U,1}w_{U,1} \tag{3-25}$$

即城市 U_1 制造业部门的收入等于两个区域制造业产品支出之和。

从前文可知，农业为完全竞争部门，农业工人的工资等于边际产品，即 $w_{R,1}=\theta L_{R,1}^{\theta-1}K^{1-\theta}$，$w_{R,2}=\theta L_{R,2}^{\theta-1}K^{1-\theta}=\theta(L-L_{U,1}-L_{R,1})^{\theta-1}K^{1-\theta}$，且 $w_{U,1}=w_{R,1}$

均衡时有 $w_{R,1}\equiv w_{R,2}$，可得 $L-L_{U,1}-L_{R,1}=L_{R,1}\tau^{\frac{\gamma}{\theta-1}}$，进一步得到 $L_{R,1}^{\theta}K^{1-\theta}=\frac{1-\gamma}{\gamma}\cdot\frac{L_{U,1}w_{U,1}}{1+\tau^{\frac{\theta\gamma}{\theta-1}}}$。

由此可知，

$$\frac{e_1}{e_1+e_2}=\gamma+\gamma\tau^{\frac{\theta\gamma}{\theta-1}}\Big/1+\tau^{\frac{\theta\gamma}{\theta-1}},\quad \frac{e_2}{e_1+e_2}=(1-\gamma)\tau^{\frac{\theta\gamma}{\theta-1}}\Big/1+\tau^{\frac{\theta\gamma}{\theta-1}} \tag{3-26}$$

将式（3-26）代入式（3-24），有

$$V\equiv\tau^{-\sigma\gamma}\left(\gamma+\gamma\tau^{\frac{\theta\gamma}{\theta-1}}\Big/1+\tau^{\frac{\theta\gamma}{\theta-1}}\cdot\tau^{1-\sigma}+(1-\gamma)\tau^{\frac{\theta\gamma}{\theta-1}}\Big/1+\tau^{\frac{\theta\gamma}{\theta-1}}\cdot\tau^{\sigma-1}\right) \tag{3-27}$$

观察式（3-27）可以发现，当 $\tau\to1$ 时，$v\to1$；当 $\tau\to\infty$ 时，$v\to\infty$。而当 $\tau\to1$ 时，$\frac{\partial v}{\partial\tau}<0$。因此存在一个值 τ_p^*，当 $\tau\leqslant\tau_p^*$ 时，$v\leqslant1$，首位城市增长为均衡结果（如图 3-1 所示）。

综合以上表达式可得

$$\frac{L_{R,1}}{L}=\frac{\theta(1-\gamma)}{\gamma\left(1+\tau^{\frac{\theta\gamma}{\theta-1}}\right)+\theta(1-\gamma)\left(1+\tau^{\frac{\gamma}{\theta-1}}\right)}$$

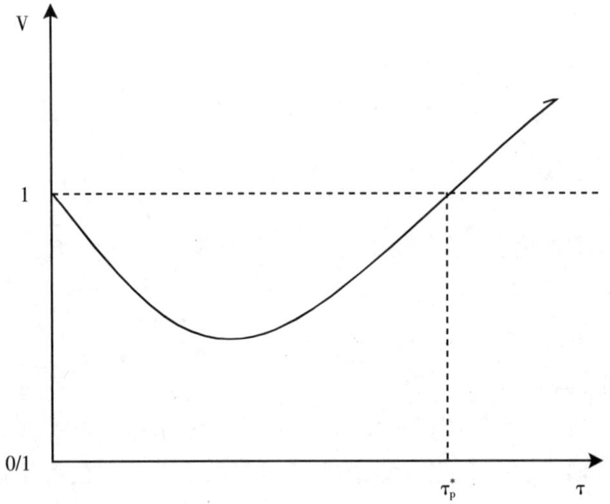

图 3–1 效用比变化示意图

$$\frac{L_{U,1}}{L}=\frac{\gamma\left(1+\tau^{\frac{\theta\gamma}{\theta-1}}\right)}{\gamma\left(1+\tau^{\frac{\theta\gamma}{\theta-1}}\right)+\theta(1-\gamma)\left(1+\tau^{\frac{\gamma}{\theta-1}}\right)}$$

$$\frac{L_{U,2}}{L}=\frac{\theta(1-\gamma)\left(1+\tau^{\frac{\theta\gamma}{\theta-1}}\right)}{\gamma\left(1+\tau^{\frac{\theta\gamma}{\theta-1}}\right)+\theta(1-\gamma)\left(1+\tau^{\frac{\gamma}{\theta-1}}\right)} \tag{3-28}$$

（三）小结

对比式（3–21）和式（3–28）可以发现，首位城市增长状态下，城市规模要大于平衡增长状态下的城市规模；农村规模则相反，即小于平衡增长情况下的农村规模。两种情形的发展变化情况如图 3–2 所示。

非农产业在城市聚集以获取规模收益（这里主要体现为固定单位劳动力投入，而现实中有可能是由于公共产品使用带来规模收益等情况），带来城市产品种类的丰富多样。同时，产品的丰富也有利于降低价格指数，降低人们的生活成本，反映出“生活成本效应”（living cost effect），吸引人们迁移进入城市。大量劳动力的流入也带来了更多的消费，提高了城市的消费能力，形成“市场规模效应”（market scale effect）。对于企业而言，大量企业的进入使得竞争加剧，对于单位企业的消费需求量会下降，这是“挤出效应”（crowding out effect）；但同时企业也受市场规模效应的影响而被吸引进入市场。在这几种力量的作用过程中，“运输成本”会在一定程度

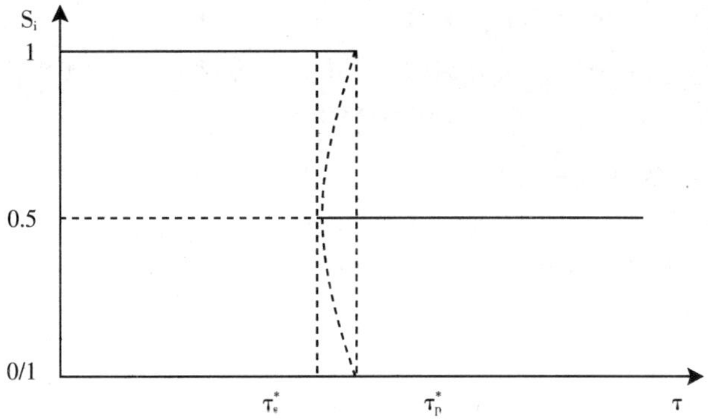

图 3-2　城市增长模式示意图

注：$s_i = \frac{L_{U,i}}{L_{u,1}+L_{u,2}}$。这里 τ_s^* 和 τ_p^* 的过渡分析较为粗糙，只是呈现一个总的变化趋势，在下一节中将会对一些拐点进一步分析。

上影响企业及劳动者的迁移区位选择。例如，$\phi = \tau^{1-\sigma}$，其随着运输成本的上升而下降，反映出"距离"对人们迁移意愿及行为的影响。

三、模型扩展

基本模型中对劳动力进行了同质化处理，但实际上不同人力资本水平的劳动力其迁移意愿及行为存在较大差异，且其对城市增长的作用是不同的。本节将放松这一假设，按照人力资本水平差异，区分出非技能劳动力和技能劳动力①。这里借鉴 Forslid 和 Ottaviano（2003）的处理方法，其中，农业和非农业部门都要使用非技能劳动力，而只有非农业部门使用技能劳动力。

仍旧分析两个区域模型（i = 1，2）。假设最初非技能劳动力和技能劳动力的数量分别为 L 和 H。两个城市技能型劳动力数量 $H_1 + H_2 = H$，非技能劳动力数量在两个区域的分布为 $L_1 + L_2 = L$。不失一般性，可以认为技能劳动力可以在不同区域间流动，而非技能劳动力仅可以在部门间流动而无法在区域间流动，反映出人力资本水平对迁移意愿及行为的影响。

依然对农业产品进行标准化处理，$P_R = 1$。由于农业属于完全竞争部门，可以认为农业劳动力取得边际收入，$P_R = W_R$；因此可以认为非技能型

① 这里的技能工人可以是具有一定的教育水平或一定年数的制造业部门中的工作经验。

劳动力从事农业与非农业是无差异的，即 $W_R = W_L = P_R = 1$。这与中国存在一大批季节性流动人口的现实相吻合（主要表现在第一代农业外出务工人群的钟摆式迁移）。以下着重分析技能型劳动力。

（一）模型基本框架

在不考虑自身对中间产品消耗的前提下，由前文可知，对区域 i 城市的第 h 种产品的需求包括本地居民的需求与其他地区的需求，即

$$x_i(h) = x_{ii}(h) + x_{ji}(h) = P_{ii}(h)^{-\sigma} Q_i^{\sigma-1} e_i + P_{ji}(h)^{-\sigma} Q_j^{\sigma-1} e_j,\ (i,\ j = 1,\ 2) \tag{3-29}$$

$$Q_i = \left\{ \int_{h=1}^{Ni} [P_{ii}(h)]^{1-\sigma} dx + \int_{h=1}^{Nj} [P_{ji}(h)]^{1-\sigma} dx \right\}^{1/1-\sigma} \tag{3-30}$$

其中，$P_{ji}(h) = \tau P_{ii}(h)$，表示 j 地消费者消费一单位 i 地生产的 h 产品，需支付 τ 倍 i 地区居民支付的价格。这里与前文的区别在于，使用的价格为消费者支付的价格，而非离岸价格。

企业生产产品，需要固定使用 α 单位的技术工人及一单位产品使用β单位的非技能工人，企业生产成本为

$$C_i(h) = \alpha W_i + \beta W_L X_i(h) \tag{3-31}$$

当企业技术一样时，城市中企业的数量在均衡时，$N_i = \dfrac{H_i}{\alpha}$，$(i = 1,\ 2)$

一个代表性厂商的利润最大化行为可以表述为

$$\pi_i(h) = P_i(h) \cdot x_i(h) - C_i(h) = P_{ii} \cdot x_{ii} + P_{ji} \cdot x_{ji} - \alpha W_i - \beta(x_{ii} + \tau x_{ji}) \tag{3-32}$$

对 x_i 求一阶条件，有

$$P_{ii} = \frac{\sigma\beta}{\sigma-1},\ P_{ji} = \tau\frac{\sigma\beta}{\sigma-1} \tag{3-33}$$

代入价格指数有

$$Q_i = \frac{\sigma\beta}{\sigma-1}(N_i + \emptyset N_j)^{1/1-\sigma},\ (\phi = \tau^{1-\sigma}) \tag{3-34}$$

达到一般均衡时没有企业可以获得正利润，可以认为企业运营收益全部由技能工人获得，即

$$\alpha W_i = P_{ii} \cdot x_{ii} + P_{ji} \cdot x_{ji} - \beta(x_{ii} + \tau x_{ji}) \tag{3-35}$$

把价格代入上式，可得

$$W_i = \frac{\beta x_i}{\alpha(\sigma-1)} \tag{3-36}$$

利用 $N_i=\frac{H_i}{\alpha}$ 和 W_i 的表述式求得

$$X_i=\frac{\sigma\beta}{\sigma-1}\left(\frac{e_i}{N_i+ØN_j}+\frac{Øe_j}{N_j+ØN_i}\right) \tag{3-37}$$

重新整理 W_i，得

$$W_i=\frac{1}{\sigma}\left(\frac{e_i}{H_i+ØH_j}+\frac{Øe_j}{H_j+ØH_i}\right) \tag{3-38}$$

由于假定非技能工人只能进行部门间的迁移流动，可以认为两地非技能工人各为 $L_i=\frac{L}{2}$。可得

$$e_i=\gamma\left(\frac{L}{2}W_R+Kr(W_R)+W_iH_i\right)=\gamma(A+W_iH_i)$$

令 $A=\frac{L}{2}W_R+Kr(W_R)$ (3-39)

得到以下对称方程组

$$W_i=\frac{\gamma}{\sigma}\left[\frac{A+W_iH_i}{H_i+ØH_j}+\frac{Ø(A+W_jH_j)}{H_j+ØH_i}\right]$$

$$W_j=\frac{\gamma}{\sigma}\left[\frac{A+W_jH_j}{H_j+ØH_i}+\frac{Ø(A+W_iH_i)}{H_i+ØH_j}\right]$$

令 $\frac{H_1}{H}=S$，$\frac{H_2}{H}=1-S$，解得

$$\frac{W_1}{W_2}=\frac{2ØH_1+[Ø^2(1+\gamma/\sigma)+1-\gamma/\sigma]H_2}{2ØH_2+[Ø^2(1+\gamma/\sigma)+1-\gamma/\sigma]H_1}=\frac{2Øs+[Ø^2(1+\gamma/\sigma)+1-\gamma/\sigma](1-s)}{2Ø(1-s)+[Ø^2(1+\gamma/\sigma)+1-\gamma/\sigma]s} \tag{3-40}$$

当其他条件不变时，利用式（3-40）对 s 求导。

当 $\frac{d\left(\frac{W_1}{W_2}\right)}{ds}=0$ 时，有 $Ø_w=\frac{1-\gamma/\sigma}{1+\gamma/\sigma}$，即 $\tau_w=\left(\frac{1-\gamma/\sigma}{1+\gamma/\sigma}\right)^{\frac{1}{1-\sigma}}$。进一步分析：

（1）当 $\phi\leqslant Ø_w$ 时，具有更高比例高人力资本水平劳动力的城市付给技能工人更低的工资，τ 将大于临界值 τ_w；

（2）当 $\phi>Ø_w$ 时，具有更高比例高人力资本水平劳动力的城市付给技能工人更高的工资，τ 将小于临界值 τ_w。

这表明，技能工人的流动性会影响其工资收入，当技能工人流动性

强，即倾向于向更高效用区位迁移时，该城市为吸引留住技能工人需要付给其高工资。

假说 2： 高人力资本水平的劳动力流动性更强，并倾向于向效用水平更高的城市迁移。这种效用水平的影响因素不仅包括收入，还包括生活、教育、娱乐等多方面。即人力资本将影响劳动力的迁移。

（二）均衡与稳定分析

下面考虑效用水平差异导致技能工人迁移而引起的城市规模增长变化。

$$令\ v = a(V_1 - V_2) = a\left(\frac{w_1}{Q_1^{\gamma}} - \frac{w_2}{Q_2^{\gamma}}\right) \tag{3-41}$$

其中 a 为正的系数，计算时可以忽略不计。对价格指数进一步整理后，

$$Q_1 = \frac{\sigma\beta}{\sigma-1}\left(\frac{H}{\alpha}\right)^{1/1-\sigma}\left[s+\emptyset(1-s)\right]^{1/1-\sigma}$$

$$Q_2 = \frac{\sigma\beta}{\sigma-1}\left(\frac{H}{\alpha}\right)^{1/1-\sigma}(1-s+\emptyset s)^{1/1-\sigma} \tag{3-42}$$

将 W_i、Q_i 代入 v，可得

$$v = A\gamma\left(\frac{\sigma\beta}{\sigma-1}\right)^{-\gamma}\left(\frac{H}{\alpha}\right)^{\frac{-\gamma}{1-\sigma}}\frac{V(s,\ \emptyset)}{\left[(1-s)+\emptyset s-\frac{\gamma}{\sigma}(1-s)\right]\left[s+\emptyset(1-s)-\gamma s\right]-\gamma^2\emptyset^2 s(1-s)}$$

$$V(s,\ \emptyset) = \frac{2\emptyset s+\left[\emptyset^2\left(1+\frac{\gamma}{\sigma}\right)+1-\frac{\gamma}{\sigma}\right](1-s)}{\left[s+\emptyset(1-s)\right]^{\frac{\gamma}{1-\sigma}}} - \frac{2\emptyset(1-s)+\left[\emptyset^2\left(1+\frac{\gamma}{\sigma}\right)+1-\frac{\gamma}{\sigma}\right]s}{\left[1-s+\emptyset s\right]^{\frac{\gamma}{1-\sigma}}} \tag{3-43}$$

公式 v 中其余部分为正，符号取决于 $V(s,\ \emptyset)$ 正负。

在迁移达到均衡时，$\dot{s} = 0$，劳动力不再迁移流动。而当 $v > 1$（或 $0 < v < 1$）时，劳动力将从城市 2 向城市 1 迁移，直到两地效用水平差异被消除。角点解 $s = 0$ 或 $s = 1$，分别是 $V(s,\ \emptyset) < 0$，$V(s,\ \emptyset) > 0$ 时的均衡解，即全部技能劳动力聚集于城市 2 或城市 1；只有当 $\frac{dv}{ds} = \frac{dV}{ds} < 0$ 时，才有内部解（$0 < s < 1$）。下面来具体分析。

1. 角点解

$$V(0,\ \emptyset)=-V(1,\ \emptyset)=\frac{\emptyset^2\left(1+\frac{\gamma}{\sigma}\right)+1-\frac{\gamma}{\sigma}}{\emptyset^{\frac{\gamma}{1-\sigma}}}-2\emptyset \tag{3-44}$$

当运输成本 τ 较小而 ϕ 大于 ϕ_s 这一临界值时，全部技术劳动力聚集于某一城市就是稳定均衡，有 $\emptyset_S^2\left(1+\frac{\gamma}{\sigma}\right)+1-\frac{\gamma}{\sigma}=2\emptyset_S^{1+\frac{\gamma}{1-\sigma}}$。

2. 内部解

在 $S=\frac{1}{2}$处，$V(0,\ \emptyset)$ 对 s 求导有：

$$\tau_b=\left[\frac{(\sigma-\gamma)(\sigma-\gamma-1)}{(\sigma+\gamma)(\sigma+\gamma-1)}\right]^{1/1-\sigma} \tag{3-45}$$

若 $\emptyset=\emptyset_b=\frac{1-\frac{\gamma}{\sigma}}{1+\frac{\gamma}{\sigma}}\cdot\frac{\sigma-\gamma-1}{\sigma+\gamma-1}=\frac{(\sigma-\gamma)(\sigma-\gamma-1)}{(\sigma+\gamma)(\sigma+\gamma-1)}=\emptyset_w\cdot\frac{\sigma-\gamma-1}{\sigma+\gamma-1}$，即 $\emptyset_b<\emptyset_w$。

此时有 $\frac{dV}{ds}=0$。 (3-46)

只有当 $\phi<\emptyset_b$，即 $\tau>\tau_b$ 时，$\frac{dV}{ds}<0$，平衡增长城市模式是稳定均衡。

由于本书的模型属于对称模型，可以发现

$$V\left(\frac{1}{2},\ \emptyset\right)=0,\ \forall\emptyset,\ 而\ V_s\left(\frac{1}{2},\ \emptyset_b\right)=0,\ V_{s\emptyset}\left(\frac{1}{2},\ \emptyset_b\right)>0 \tag{3-47}$$

也就是说，不论其他参数为何值，$S=\frac{1}{2}$总是稳定均衡；而当 $\phi\geqslant\emptyset_b$ 的临界值，即 τ 下降时，$S=\frac{1}{2}$又开始变得不稳定。在图 3-3 和图 3-4 中，平衡增长与首位城市增长的过渡用虚线表示。并且这种分析结果与上一节基本一致。

这里需要再强调一下。本书中所使用的 τ 为广义运输成本，既包括物理空间的距离，也包括区域间的经济交易成本、文化距离、心理距离等。一般而言，这种距离的下降，将有助于促进劳动力的流动，促使他们向拥

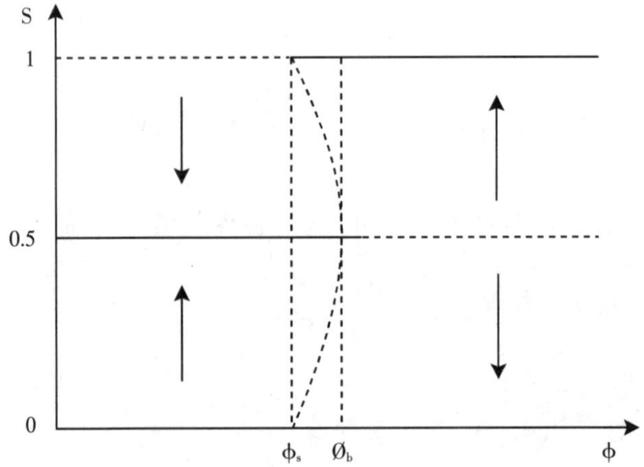

图 3-3 城市技能劳动力随 φ 分布变化示意图

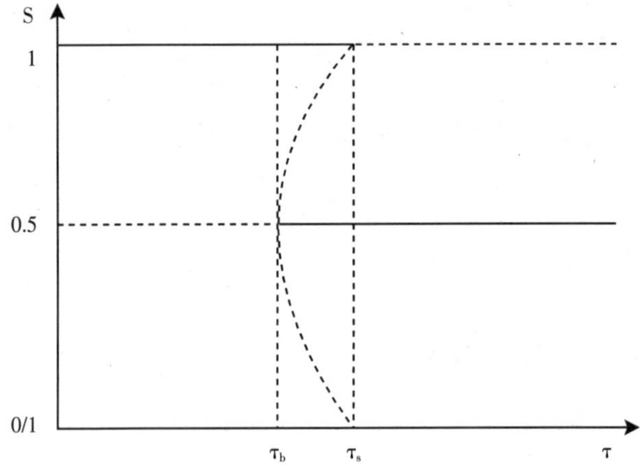

图 3-4 城市技能劳动力随 τ 分布变化示意图

有更好就业机会、更高生活水平的城市迁移。而企业数量，也就是就业机会的多少，既吸引劳动力的迁移，也受劳动力迁移的影响。同时，高技能劳动力往往需要一定量的低技能劳动力的配合，这也会一定程度上促进低技能劳动力的聚集（Henderson，1988）。这里提出最后一个假说。

假说 3：高人力资本水平劳动力的流入，表明该城市产业链高端就业机会较多，将带动中低端产业链，包括服务区外以及辅助区内的相关服务就业机会的培育，进而对低人力资本水平劳动力的迁移形成吸引。即高人力资本水平劳动力的聚集会发挥溢出效应，通过促进就业增长及工资增长等方式，吸引低人力资本水平劳动力的聚集。

另外，书中模型的运输成本采用“冰山”模式，会使城市中心与城市边缘地区没有差异；但现实中，同一区域内的城乡间与城市间的成本都是有差异的，这种差异也会影响不同地区的价格指数，进而影响生活成本乃至劳动力的迁移行为。

第三节 小结

“冰山”形式的成本不能反映城市中心与城市外围价格的差异，忽视了空间差异对价格递增规模的影响；但本书的重点不在价格的分析，所以仍采用这种形式。模型的扩展部分表明，高人力资本水平劳动力迁入人口占比较高时，相对低人力资本水平劳动力迁入也多，形成一种“追随”。

从模型的推导来看，当“距离”成本下降时，有利于形成首位城市增长模式。可以将其应用到中国的实际情况进行分析，由于中国存在着较大的区域差异，东中西三个区域的城镇化推进过程存在着时间差。中国近年来交通通信技术不断发展，中西部地区城市快速发展的时期也是交通成本降低的时期，中西部地区发展为首位城市增长模式的概率是否会提高？另外，中国城市有行政等级差异，这就从行政的力量上形成了不同级别的城市对资源的强力支配。这与目前关于中西部地区是以大城市为主导进行发展，还是着重发展中小城市的讨论密切相关。

接下来的三章将分别验证本书提出的几个假说和推论。其中，第四章偏重于描述性统计分析，用于反映现实，支持本书的模型；第五章偏重于微观分析，验证第一个假说和推论，以形成全书分析的微观基础；第六章侧重于宏观层面的分析，主要验证第 2 个和第 3 个假说，并支撑对现状分析部分的一些判断。

第四章　劳动力迁移与城市规模增长的关系

第一节　概念界定

延续第二章文献综述部分的内容，本书中所使用的主要概念涉及劳动力迁移、城市规模增长。虽然这些概念在文献综述部分已经有所涉及，但这里将结合中国的实情，以及这些概念在全书中的使用对其做进一步的详细介绍。

一、对“流动”与“迁移”的辨析

“流动人口”（floating population）更偏重于作为一种统计学意义上的概念。中国自改革开放以来，因受制于以户籍制度为基础的二元社会体制，大量人口仅仅完成了地域的转移，而未能真正实现身份的转变（即实质上成为一种暂住人口而没能成为当地居民），导致出现了规模庞大的流动人口。中国目前十年一次的全国人口普查及国家人口与计生相关部门的统计就使用“流动人口”的概念。

“迁移人口”（migration population）则是一种经济学意义上的概念，迁移者期望提升自身的福利（马祖姆达，2003），因此是理性个体对更好机会的反应。本书使用的是“迁移人口”的概念，指理性个体为提高自身的福利水平，离开出生地寻找更好的经济机会。因婚姻关系、考取大中专院校、参军等迁移的人口将不被视为转移劳动力（其中，求学和参军的这部分人可以被视为短期移民；而因婚姻关系迁移的人口则可能是长期移民）。

考虑到中国的迁移人口以劳动人口为主，本书的研究使用“劳动力迁移”的概念，侧重于经济学意义上的分析。Ravenstein（1885）将移民分为五类：当地移民、短途移民、阶段性移民、长途移民和短期移民。其中当地移民、短途移民和长途移民是按迁移的距离划分的，阶段性移民是基于移民的过程（如在寻找工作过程中从一个地点到另一个地点，最终在某地找到合适的工作），而短期移民则主要是指出于旅游、探亲、治病、求学或参军等原因而产生的离开出生地的迁移行为，这种迁移的流动性因素较强，多半带有一定的强制性而非对地点自愿选择的行为（by compulsion not by choice）。Fan（2001）在利用中国广州市的调查数据进行的劳动力市场回报的分析中，就将广州市的人口分为非迁移城市居民、拥有城市户口的永久性迁移人口和不具有城市户口的短期迁移人口三类。本书研究的劳动力迁移是一种按照性质差异进行的分类，应该主要是一种阶段性移民，并且本书集中于对乡—城劳动力迁移的研究，这也是中国劳动力迁移的主体部分。

人口迁移包括求职、求学、旅游等多种模式。限于数据，本书着重考察乡—城迁移，而这种迁移更倾向于以劳动年龄人口为主，小于“人口迁移”的计算口径。本书虽然主要关注以就业为导向的经济动机，但并不排除其他动机的存在。使用劳动力迁移而不是人口迁移侧重的是这种迁移行为的经济利益导向，也是本书要研究的重点。当然，使用劳动力迁移也有一定缺陷，因为它容易让人理解为强调劳动力要素资源的空间配置，而忽略劳动者作为人的本身复杂但合理的诉求。但本书界定的“迁移”是提高自身福利水平的结果，不仅仅限定于就业，因而在使用上不会引起歧义。

中国以劳动力人口为主的人口迁移是一种经济现象，是伴随工业化和城市化进程而出现的。但由于多年来户籍制度及相关制度的影响，迁移具有周期性、不稳定性、季节性等问题。即职业在城市而没有在城市居住。学者认为这些乡—城迁移劳动力（被统称为“外出农民工”或农业外出务工人员）没有享受到户籍制度背后的福利待遇。目前，中国的相关统计中主要以“流动人口”为对象发布统计数据。“流动人口”（floating population）是中国特有的一种现象，与户籍制度有关（张展新和杨思思，2013）。中国自改革开放以来，随着工业化、城镇化的快速推进，人口大量从农村向城市、从欠发达地区向发达地区集聚。但受制于以户籍制度为基础的二元社会体制，大量人口仅仅完成了地域的转移，而未能真正实现身份的转变(即实质上成为一种暂住人口而没能成为当地居民)，导致出现了规模庞大的流动人口，形成了一种实质上“候鸟”式的迁移。中国目前十年一次的全国人口普查及国家人口与计生相关部门的统计就使用“流动人口”的概念[①]。

国家对流动人口的统计口径有两个（以“六普”为准），一个是“居住地与登记地所在乡镇街道不一致且离开户口登记地半年以上的人口”；另一个是在前者的基础上不包括市辖区内人户分离的人口，即在市辖区范围内跨乡镇街道流动、改变常住地且无户口登记变更行为的人口将不被视为流动人口。第六次全国人口普查统计公报将两个口径数据一并发布，而历年的《中国流动人口发展报告》中公布的“流动人口”数据则为第二个口径的数据[②]。本书的分析坚持以常住人口口径为准，认为在城市居住满半年的人口即为该城市居民（以此来看本书的概念更符合第二个口径），满足本书中以劳动人口为主的迁移人口的研究要求。对城市人口规模的分析也尽量使用常住人口口径。但限于数据的可得性，本书以下对迁移人口总规模的判断使用第二个口径的数据，而实证部分涉及城市层面利用普查数据的分析则为第一个宽口径数据。

另外，国家统计局自 2008 年底建立了农民工统计监测调查制度，以对全国 31 个省（区、市）的农民工进行监测调查（国家人口和计划生育委员会流动人口服务管理司，2010）。其中“农民工”指户籍仍在农村且在本地从事非农产业或外出从业 6 个月及以上的劳动者。“本地农民工”指在户籍所在乡镇地域内从业的农民工。“外出农民工”指在户籍所在乡镇地域外从业的农民工[③]。而“外出农民工”这一概念，相当于中国普查数据中“流动人口”中的农村户籍流动人口，也是最符合本书研究的乡—城“迁移劳动力”范畴。

---

① 中国对“流动人口”的统计口径也在调整中，20 世纪 80 年代指所有常住户口人口以外的人口；之后逐步统一为户口登记地与现居住地分离，但长期居住的人口（张展新和杨思思，2013）。

② 参阅《2010 年第六次全国人口普查主要数据公报（第 1 号）》，国家统计局官网，http：//www.stats.gov.cn/tjsj/pcsj/rkpc/6rp/indexch.htm。

③ 参阅《2013 年全国农民工监测调查报告》，国家统计局官网，http：//www.stats.gov.cn。

二、城市规模增长：绝对与相对之别

城市规模是一种城市化的表现或说城市化的结果，包括人口规模、经济规模、空间规模等多维度视角。由于数据的可得性问题，研究中多用人口规模来度量。本书沿用这种做法，仍主要研究城市人口规模。

单纯使用人口规模的做法，容易给人造成误导，即城市人口规模绝对量的增长就是最后的结果或目标。对于一个城市而言，城市的人口规模既不是越大越好，也不是越小越好，总会存在一个度。单个城市从理论上来说涉及“最优规模”与“有效规模”（optimal city size，effective city size）。对“最优规模”，阿隆索提出了总量城市规模理论，即平均成本和平均收益差距最大时，总的社会福利或平均福利最大（Alonso，1971）。“有效规模”则指在关于城市规模收益与成本的分析中，综合考虑经济、社会和生态多个方面（Capello 和 Camagni，2000）。这样，将城市运行的规模确定为一个区间——在最小规模和最大规模两个点之间的范围内 AP = AC 对应的城市规模。国内学者多在阿隆索提出的总量分析框架下进行研究，并认为，中国的城市是存在着最优规模的，这个规模为 100 万~400 万，但并不存在过度规模增长城市（袁正、郑勇和韩骁，2012；王小鲁和夏小林，1999；饶会林和丛屹，1999；陈伟民和蒋华园，2000；刘永亮，2011）。

本书认为，绝对的城市规模只给人留下一种粗略的印象，而城市规模结构则有助于反映城市人口规模集中程度。这种分析暗含的假设是所有城市间的差异可以忽略不计。问题在于，得到一个绝对的城市规模数值意义并不大，只有综合考虑城市的绝对人口规模以及城市人口规模与城市经济、社会、资源和环境规模之间的相互关系，即一种相对的人口规模，才能全面把握城市规模，并得出一些有意义的信息。

城市的绝对规模只反映一个城市人口的绝对量，但并无其他实质性意义。就像国内一些特大城市将控制人口规模作为政策目标却又屡屡失败一样。中国城镇化进程中，各个时段都存在着对城市发展应以中小城市、小城镇发展为主还是以大城市发展为主的争论。这种政策导向意味着必须配合以行政手段来对人的自由迁移进行限制，进而实现控制一个城市人口规模的目标。另外，这种政策导向还容易影响我们对劳动力向城市迁移及其对城市发展所发挥的作用进行客观的评价。这是一种典型的计划经济时代以城市为载体的人口管理的思维，同时在中国城市行政等级制度背景下，又不可避免地会造成大城市比中小城市拥有更多的优势。在市场经济逐步发展的背景下，行政力量已经无法再全盘引导人的迁入和迁出的流向。城市与乡村的区别，不仅在于景观上的差异，也在于城市是一个集聚体，它可以实现集约化利用各种要素及资源，从而提高效率。在这种前提下，城市发展的主体——人口必须要与城市的各种要素相协调；城市的功能布局以及城市间的空间布局也都需要在一个合理的水平范围内才能保证城市集聚效应的发挥，防止出现集聚不经济，如一些“城市病”的发生。

本书认为绝对的人口规模增长不是目的，在适度的城市经济发展水平阶段的条件下，在现有科学技术条件下不超出资源环境承载力、有利于人们效用水平提高的城市人口规模才是有意义的——既有利于城市的可持续发展，也有利于城市居民福利水平的提升。因此，考察城市规模增长，不仅要看绝对量的增长，还要看相对量的增长。

绝对城市规模是指在一定时点上，城市的人口数量。其内涵与我们常用的城市人口规模意义一致。利用绝对量指标进行分析时，往往忽略了城市间存在的差异，即认为城市的内部功能、结构布局等都处于正常运转状态。但现实并非如此。因此，有必要在绝对规模的基础上进一步拓宽理解，加入“相对量”的分析。

对“相对量”的理解，既可以是对人口规模加上一定的约束条件，诸如资源环境约束能力、经济发展水平等，考察在既定的约束条件下人口规模是否处于合理的水平范围；也可以在不加入约束条件的前提下，直观地区分绝对量和相对量的概念，相对量通常是一种比例的概念。

本书使用的相对规模就是一种比例的概念，反映一个城市的绝对人口规模与城市的经济、社会、资源和环境规模之间的相互适应、协调关系。在具体运用时，使用城市人口绝对规模量/城市其他维度绝对规模量，得到一个相对比值，并对该比值从高到低排序，得到城市相对规模位序；以45°线为界，对城市的绝对人口规模位序与相对规模位序进行比较，看两种指标的偏离程度，从而实现城市间的横向比较。当绝对规模位序与相对规模位序不匹配或者偏离较大时，可以认为城市规模增长存在一些不协调问题，其人口规模与经济、资源、公共服务、社会发展能力等不协调，将影响城市的可持续健康发展。

第二节　城市规模增长背景：自然增长与迁移政策调整

城市人口规模的增长，按其增长的动力来源大致分为自然增长和非自然增长两类。非自然增长主要来源于人口迁移行为。因此以下对现状的分析也将按照这两个方面展开。

一、城市规模增长：自然增长

（一）中国人口出生结构变化

中国自 20 世纪 70 年代推行计划生育政策后，人口出生率在人为调控下急剧下降。1982 年和 1987 年出现两次生育小高峰后，再没有出现反弹。人口死亡率表现相对平缓，先是处于缓慢下降的态势，之后很长一段时间保持平稳；最低时为 1979 年的 6.21‰，但一直未突破 6.9‰。在进入 21 世纪之后，人口出生率从 1999 年下降到 15‰以下后逐渐趋于平稳，但稳中有降；而同一时段，人口死亡率也在 2003 年下降到又一个最低点 6.4‰后出现稳中有升的态势；人口自然增长率与人口出生率保持大体一致的趋势。可以说，从全国人口的增长情况来看，中国人口自然增长率自 20 世纪 80 年代末再次进入下降通道后，逐步趋于平稳——稳中有降。有意思的是，从图 4-1 中可以看，1992 年市场经济体制改革开启后，无论是人口出生率、死亡率还是自然增长率都进入了一个新的阶段，不再大起大落，变得更为平稳，这表明在市场经济利益的驱动下，计划生育的强制力量减弱，人们的生育行为越来越明显地承受来自个人的自我约束。

在这种人口出生结构激烈变革的背后，是中国接连开启的经济体制改革。1979 年中国农村家庭联产承包责任制改革后，农村活力得以激发，经济取得了较快发展；1984 年开始城市管理体现制改革，进一步释放城市经济增长的活力。这两次体制改革导致中国人口接连出现过两个增长小高峰，如图 4-1 所示。到 20 世纪 80 年代，计划生育政策逐步在全国推广开来，生育率高峰得到控制。以 1992 年市场经济体制改革的确立为一个拐点，市场经济体制逐步确定并完善，人们逐步从强制遵从计划生育指标转为自发地减少生育行为，少生育孩子使更多劳动力，尤其是女性劳动力腾出更多的时间用于发挥个人在市场经济中的劳动价值。相应地，人口出生率和自然增长率逐渐稳定并步入缓慢下行通道。一个重要的指标是人口学上的总和生育率（total fertility rate，TFR in short）。有学者指出，中国20世纪90年代早期，总和生育率就下降到了更替水平（约为2.1）以下，中国已经进入了低生育时期①。

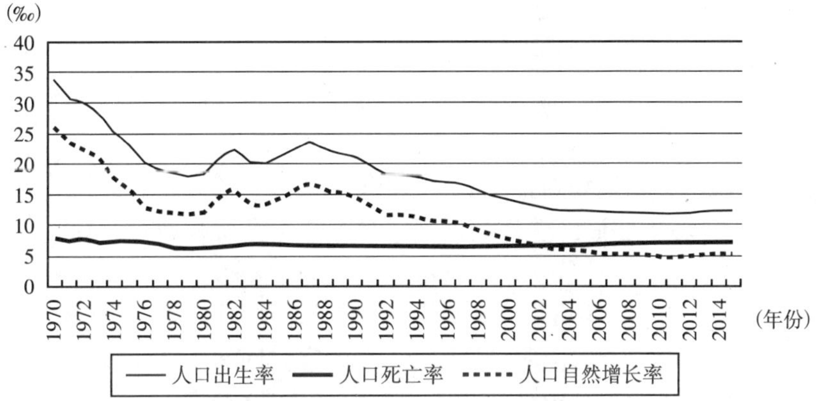

图 4–1　中国人口增长趋势图

资料来源：国家统计局官网。

① 总和生育率是判断人口和计划生育形势的重要指标，是人口工作、决策和研究的关键参照标准。所谓生育率更替水平在理论上就是指这种生育率水平只要在极长的时间里不变，那么总人口及其年龄结构最后一定会达到静止不变的状态，即每一代人数都恰好更替前一代人数。郭志刚认为，中国自1990年以后，基于各次全国人口调查统计的生育率和其他估计口径得到的TFR都大大低于作为政府部门指导口径的1.8。如果国内的研究仍偏重于人口增长和人口压力的传统观念，就可能会忽略这种低生育增长模式的危害，即未来可能出现的严重人口老龄化和急剧的人口负增长所带来的巨大挑战（郭志刚：《中国的低生育水平及有关认识问题》，载蔡昉主编《中国人口与劳动问题报告No.11》，社会科学文献出版社2010年版，第78–97页）。2014年中国放开“双独”两孩政策，是对计划生育政策的一个微调。而运行一年的结果表明，对总量人口规模并未形成大的影响和冲击。中国社会科学院人口与劳动经济所的张车伟研究员指出，中国的人口增长趋势基本上已经定了，即使全面放开二孩，老龄化最终有所减缓，但不会得到特别大的改善，劳动力状况也不会得到明显的改善。实际上现在放开二孩政策对国家整体生育水平不会带来特别大的冲击。他认为放开两孩的时机已经成熟（参阅张车伟的《中国低生育水平已定二孩政策影响不大》一文，文章出处：中国广播网，http：//iple.cass.cn/news/748372.htm），而目前国内也确实已全面放开二孩政策。

总体来看，中国人口自然增长率由20世纪70年代初的25.95‰下降到2013年的4.92‰，中国的人口增长及生育模式实现了历史性的转变。20世纪70年代和80年代出生的人口，为中国经济发展提供了丰富的劳动力资源。中国用不到30年的时间，走完了发达国家经过上百年才完成的向现代人口增长模式转变的过程，进入了同发达国家一样的低生育水平。

但这种急剧的转变也存在着问题：一方面，人口转变迅速，从高少儿抚养比阶段向高劳动年龄人口比阶段的转变较快；同时，劳动力的充足供给和高储蓄率为经济增长提供了人口红利，支撑了中国经济的快速增长。另一方面，少儿抚养比下降的同时，总抚养比上升，且两者之间的间隔很短。这就使总体抚养比只在相对短暂的时期内处于较低的水平上，随后会因老年抚养比的提高而大幅度回升，导致社会总体养老负担迅速加重（蔡昉，2010）。

（二）城市人口规模自然增长

由于中国城市层面的统计数据无法兼顾户籍及常住两个口径，以下挑选中国的四个直辖市进行研究，将区域层面的“城市”数据作为观察样本点，对比其人口自然增长及城市化率，以期从中发现一些有价值的信息。

在“上海市卫生和计划生育委员会”的官方网站上搜索卫生数据就会发现，到2004年时还是统计“户籍人口自然增长情况”，但是户籍人口一直保持稳定，而本市的常住人口却一再增长，于是当地政府不得不高度重视这一情况，增加了对外来人口的监测。上海市按照户籍人口计算的人口自然增长率在发布数据的2000年即为-1.9‰，2003年在“非典”影响下自然增长率出现下降，为-1.35‰；之后自然增长率在2004年和2005年恢复到0及0值以上，2006年之后再次进入负增长（除2007年猪年、2012年龙年外，人们争相在这两个年份扎堆生孩子，使得户籍口径的人口出生率和人口自然增长率出现短暂激增）。相反，按照常住人口口径统计，2006年人口自然增长率立即超过1，达到1.58‰，之后自然增长率一直稳步提升，直到2015年的2.45‰。按常住人口口径统计的人口自然增长率是按户籍口径统计所得数值的数百倍（如图4-2所示）。

作为东部城市，首都北京也存在类似的问题（如图4-3所示）。在国家统计局官网上查阅城市层面年度数据，北京2004年以前没有“常住人口”数据。其人口自然增长率在2000~2005年从未突破1‰，维持在0.7‰~0.9‰，2003年“非典”时期一度为-0.1‰，出现异常值；但在

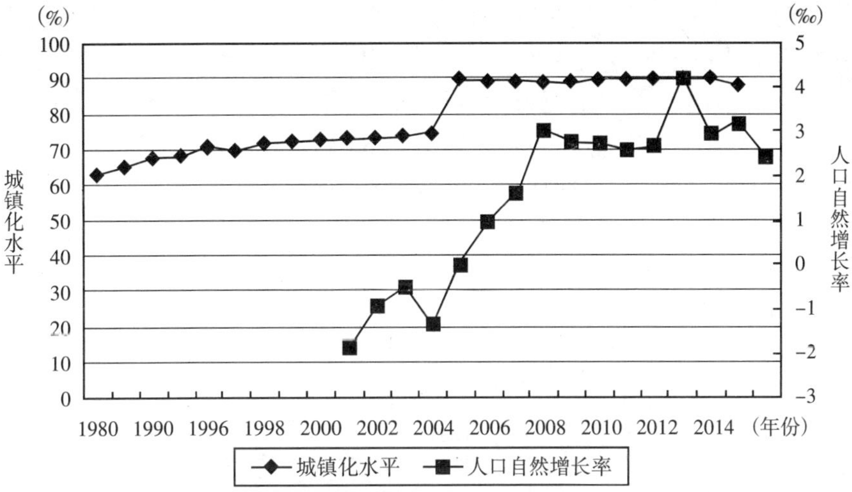

图 4-2　上海市历年城镇化水平与人口增长情况

注：1980~2004 年的城镇化水平为户籍人口口径，2005 年及以后的城镇化水平为常住人口口径；1980~1999 年的人口自然增长率数据缺失。其中，2000~2005 年的人口自然增长率为户籍口径，2006 年及以后的人口自然增长率为常住人口口径。2010 年和 2011 年的人口自然增长率按照上海市卫生和计划生育委员会官方数据调整所得。

资料来源：国家统计局官方网站，http://www.stats.gov.cn/tjsj/；上海市卫生和计划生育委员会官方网站 http://www.popinfo.gov.cn/service/。

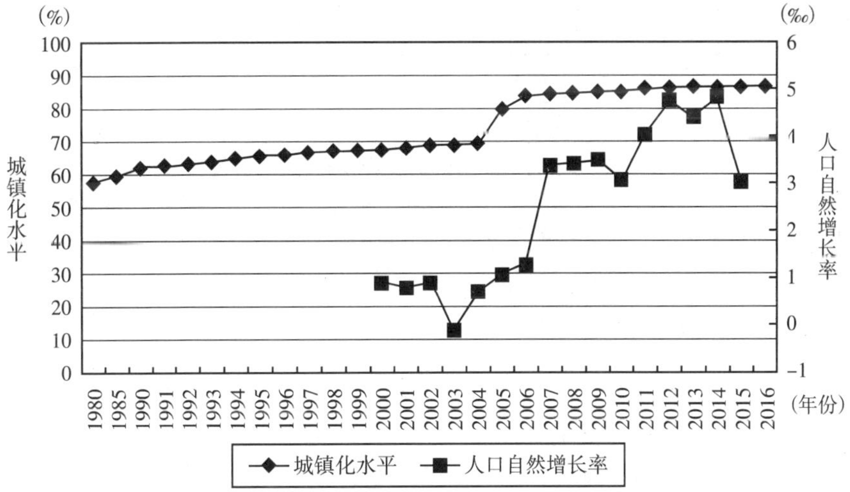

图 4-3　北京市历年城镇化水平与人口自然增长情况

注：由于数据限制，1980~2004 年的城镇化水平按户籍人口计算；2005 年以后的城镇化水平按常住人口口径计算。2000 年以前的“人口自然增长率”数据缺失。另外，1995 年户籍人口数值与前后一年出入太多，利用《中国城市年鉴》(1996) 的相关数据进行调整。

2005 年以后稳步攀升，2012 年已经达到 4.74‰，到 2015 年又降至 3.01‰。统计口径发生改变是一个重要原因。

天津市与北京市、上海市的整体趋势没有太大区别，不同之处在于，虽然口径转换后天津城镇化水平从不到 60%进入 70%的通道，但其口径转换对于人口自然增长率的影响没有前两者明显。原因在于天津自身按照户籍口径计算的人口自然增长率正在缓慢下降（仍在 1 个千分点以上），这种缓慢的下降正好由外来迁移人口补充。然而，天津的常住人口也只是在 2007 年以后才以平均每年新增约 70 万人口的速度增长，相对平稳（如图 4-4 所示）。

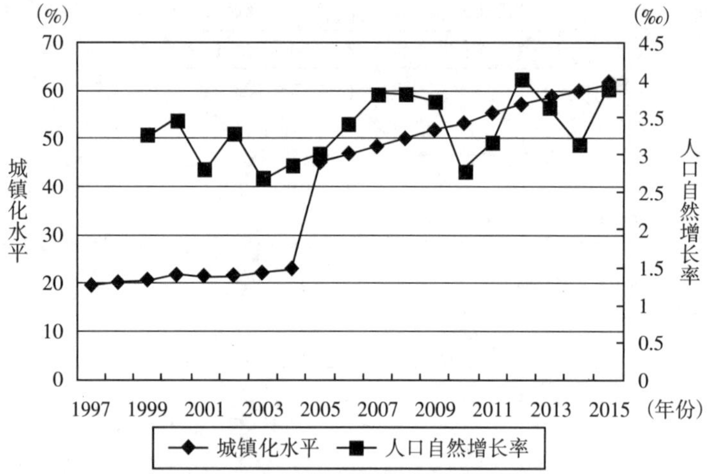

图 4-4　天津市历年城镇化水平与人口增长情况

注：1995 年户籍人口数值有明显出入，用《中国城市年鉴》（1996）的数据调整。1980~2004 年城镇化水平按户籍人口口径计算，2005~2012 年城镇化水平按常住人口口径计算。1999 年人口自然增长率数据为《中国城市年鉴》（2000）的数据，之前数据缺失；其中 2004 年前后统计口径经户籍人口转换为常住人口。

资料来源：国家统计局官方网站和《中国城市年鉴》（1996、2000）。

在四个直辖市中重庆是个例外（如图 4-5 所示）。重庆自 1997 年设立直辖市以来，农业人口占比较高，人口自然增长率也都保持在 2.6‰以上。其户籍人口一直高于常住人口，表现出明显的人口外迁趋势。到 2004 年时重庆以户籍口径计算的城镇化水平不到 23%；以常住人口口径计算的城镇化水平在 2005 年达到了 45.21%，提高了约 22 个百分点。

这里有一点需要注意，文中使用的四个直辖市的数据为“全市”范

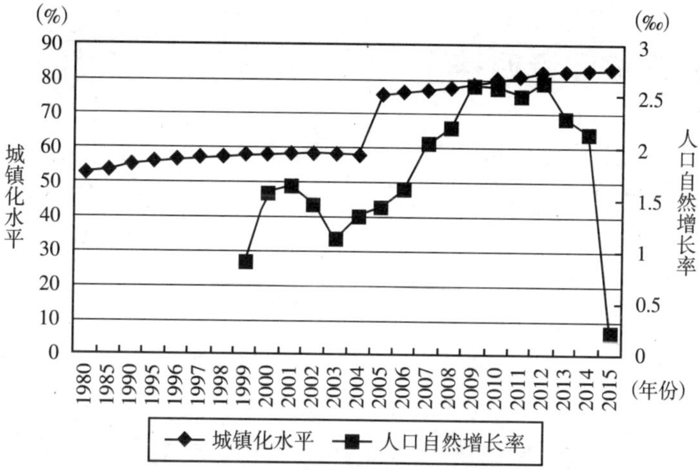

图 4-5　重庆市城镇化水平与人口增长情况

注：城镇化水平在 1997~2004 年为户籍人口口径，在 2005~2012 年为常住人口口径。人口自然增长率缺少 1997、1998 两年数据；以 2004 年为分界点，2004 年及以前为户籍口径，之后为常住人口口径。

资料来源：国家统计官方网站。

围。以"市辖区"范围统计无法进行户籍人口口径和常住人口口径的对比。但从《中国城市年鉴》中公布的市辖区范围的人口自然增长率来看，北京、上海的户籍人口口径值将在前文分析结果的基础上进一步下降。

基于以上几个典型城市的人口自然增长情况，我们可以得出这样一个事实：进入 20 世纪 90 年代中后期以后，在被动遵从计划生育政策以及市场经济发展促使人们主动减少生育行为的共同作用下，一方面，中国的城市人口增长，按照户籍口径统计多数保持稳定，甚至在一些发展较早的大城市，如北京、上海，已经出现了负增长；另一方面，以重庆为代表的一类城市，户籍口径的人口规模则要多于常住口径的人口规模，由于城镇化水平度量公式的分母减小，城镇化水平也有较大程度的提升。同一时期，中国的城镇化水平也是在 1996 年左右进入 30%的加速提高时期。总之，进入 21 世纪，在城市人口自然增长保持稳定的背景下，中国迁移人口（主要是劳动力人口）已经成为不同区域城市人口规模增长的重要力量，也是中国城镇化的重要推动力和核心内容之一。

二、迁移政策调整

在对中国以劳动人口为主的人口迁移（以下简称“迁移劳动力”、“劳动力迁移”）状况进行分析之前，有必要先梳理一下中国迁移政策的演变。因为，随着社会经济的发展，中国对迁移政策不断地进行调整，从严格控制，到有限度放松，再到承认劳动力迁移对中国经济社会发展的贡献。政策导向的转变对迁移规模及流向有着重要的影响。

计划经济时期，中国城镇建立了以“统包统配”为主要特征的劳动力资源配置制度，农村则通过严格的户籍制度基本限制了农村劳动力从农村向城镇的转移（佟文英，2009）。自 1978 年在农村推广家庭联产承包责任制以来，农村的生产活力得到释放，劳动生产率大大提高。但同时，剩余劳动力问题也逐步显现。在不影响城镇职工正常就业及再就业的前提下，如何解决农村剩余劳动力的就业就成为一个重大问题，也影响着中国相关政策的制定。从 20 世纪 80 年代的“离土不离乡”，即企图通过乡镇企业解决农村剩余劳动力就业问题，到 20 世纪 90 年代居住证、暂住证制度的实施，中国控制人口跨区域流动和向大中城市迁移的基调基本上没有改变。直到进入 21 世纪，尤其是中国加入世界贸易组织后，随着中国外向型经济发展加快，对劳动力需求不断增加，相关政策导向才逐步发生变化。2004 年 1 月，国务院《关于促进农民增加收入若干政策的意见》中，国家对农民工的认识发生了根本改变，对其作用的评价趋于合理，承认“进城就业的农民已经成为产业工人的重要组成部分，为城市创造了财富、提供了税收，城市政策要切实把进城农民的职业培训、子女教育、劳动保障和其他服务管理经费，纳入正常的财政预算”。也就是在这一年，各地的统计数据中增加了常住人口口径的相关数据。这种变化反映出 21 世纪中国在劳动力迁移的国家政策层面发生了根本性的转变。

由于各个时期中国与劳动力迁移，尤其是乡—城迁移相关政策的着力点及导向不同，以下将中国历年来与人口迁移流动相关的重要政策进行梳理，并划分为六个大的阶段，如表 4–1 所示。

表 4–1　中国历年来与劳动力迁移相关的国家政策

阶段	政策导向及相关政策
1958~1982 年	城乡二元户籍制度确立，严格控制人口乡城迁移
	1958 年 1 月——全国人大常委会通过并以国家主席令形式颁布了《中华人民共和国户口登记条例》，以法律形式严格限制农民进入城市，限制城市间人口流动，城乡“二元经济模式”因此形成 1979 年 4 月 16 日——国务院批转国家计划委员会《关于清理压缩计划外用工的办法》，规定“全民所有制单位在国家劳动计划以外使用的农村劳动力，地、市以上全民所有制单位在国家劳动计划以外使用的来自农村的临时工、合同工、协议工、亦工亦农人员等，都要坚决进行清退，今后不得再使用” 1980 年 8 月——中共中央转发全国劳动就业会议文件《进一步做好城镇劳动就业工作》，文件对农业人口流动及农村招工提出明确要求：“对农业剩余劳动力，要采取发展社队企业和城乡联办企业等办法加以吸收，并逐步建设新的小城镇。要控制农业人口盲目流入大中城市，控制吃商品粮人口的增加。要压缩、清退来自农村的计划外用工” 1982 年——国家计委和劳动人事部强调要“认真贯彻党中央、国务院规定的有关方针、政策，重点清退来自农村的劳动力
1983~1992 年	鼓励发展社队和集体经济（后改为乡镇企业），“离土不离乡”；严格控制盲目流动
	1983 年 4 月——国务院出台《〈国务院关于城镇劳动者合作经营若干规定〉和〈国务院关于城镇非农业个体经济若干政策性规定〉的补充规定》，首次在政府文件中认可了“农村户口的人员可以申请在城镇从事合作经营，但不得改变其农村户籍，国家不供应口粮” 1984 年 1 月 1 日——中共中央发布《关于 1984 年农村工作的通知》，其中明确指出：“各省、自治区、直辖市可选若干城镇进行试点，允许务工、经商、办服务业的农民自理口粮到城镇落户” 1986 年 4 月——国务院常务会议审议通过并发布实施的《国营企业招用工人暂行规定》明确指出，企业招工，国家规定允许从农村招用的人员也可报考 1989 年 3 月 6 日——国务院办公厅发出紧急通知，要求各省、自治区、直辖市和国务院各有关部门做好严格控制民工盲目外出的工作 1989 年 10 月 5 日——国务院发布《全民所有制企业临时工管理暂行规定》，明确企业的临时工原则上在城镇招用，从农村招用时需报经设区的市或相当于设区的市一级的劳动行政部门批准。从农村招用的临时工，不转户口和粮食关系；解除劳动合同后仍返回农村 1990 年 3 月 20 日——时任国务院总理的李鹏做政府工作报告时指出，为减轻社会就业的压力，严格控制农业人口转为非农业人口 1991 年 11 月——《中共中央关于进一步加强农业和农村工作的决定》提出，妥善安排农村富余劳动力是保持社会稳定的重大问题。要求争取在农村第一产业内部多吸纳一些劳动力，开辟农业劳动力转移的门路
1993~1999 年	实施居住证和暂住证制度；限制为主，引导就近（向小城镇）转移
	1993 年 11 月——中共十四届三中全会通过的《中共中央关于建立社会主义市场经济体制若干问题的决定》明确提出，鼓励和引导农村剩余劳动力逐步向非农产业转移和在地区间有序流动 1994 年 11 月 17 日——劳动部颁布《农村劳动力跨省流动就业管理暂行规定》，其中第五条对用人单位跨省招用农村劳动力作了严格限制。只有经劳动就业服务机构核准，本地劳动力无法满足需求时，才可考虑 1995 年 9 月 19 日——中共中央办公厅、国务院办公厅转发《中央社会治安综合治理委员会关于加强流动人口管理工作的意见》，提出实行统一的流动人口就业证和暂住证制度。任何单位和个人不准雇佣无上述证件的外来人员 1996 年 4 月——国家教委颁布了《城镇流动人口中适龄儿童、少年就学办法（试行）》，提出以“借读为主”、“义务教育年限以户籍所在地政府规定为准”等条款，体现了中国城乡二元分割的教育体制

续表

阶段	政策导向及相关政策
1997年4月——国务院通过《小城镇户籍制度改革试点方案》、《关于完善农村户籍管理制度的意见》，允许已经在小城镇就业、居住并符合一定条件的农村人口在小城镇办理城镇常住户口，以促进农村剩余劳动力就近、有序地向小城镇转移 1997年11月——国务院办公厅转发劳动部等七部委《关于进一步做好组织民工有序流动工作的意见》，强调“如果不进一步提高民工流动的有序化程度，既不利于企业下岗职工的再就业，也不利于农村劳动力资源的开发和利用，将损害广大人民群众的切身利益”	
2000~2003年	引导有序流动，逐步取消不合理限制
2000年7月——劳动保障部等部委和国务院发展研究中心发出了《关于进一步开展农村劳动力开发就业试点工作的通知》，提出改革城乡分割体制，取消对农民进城就业的不合理限制 2001年3月——全国人大在《中华人民共和国国民经济和社会发展第十个五年计划纲要》中提出，要“打破城乡分割体制，逐步建立市场经济体制下的新型城乡关系。改革城镇户籍制度，形成城乡人口有序流动的机制；取消对农村劳动力进入城镇就业的不合理限制，引导农村富余劳动力在城乡、地区间的有序流动”；要“坚持城乡统筹的改革方向，推动城乡劳动力市场逐步一体化” 2001年12月——国家计委要求面向农民工的七项收费在2002年2月底前必须取消。这七项收费是暂住费、暂住人口管理费、计划生育管理费、城市增容费、劳动调节费、外地务工经商人员管理服务费和外地建筑企业管理费 2002年1月——中共中央、国务院《关于做好2002年农业和农村工作的意见》第一次提出针对农民进城务工的“公平对待、合理引导、完善管理、搞好服务”十六字方针 2003年10月14日——时任国家主席的胡锦涛在中共十六届三中全会上明确提出“坚持以人为主，树立全面、协调、可持续的发展观，促进经济社会和人的全面发展”；要坚持“五个统筹”，包括统筹“城乡发展”、“区域发展”、“经济社会发展”、“人与自然和谐发展”以及“国内发展和对外开放” 2003年11月22日——国务院办公厅以国办发〔2003〕94号文件下发《国务院办公厅关于切实解决建设领域拖欠工程款问题的通知》，要求各地区、各部门清理拖欠工程款和农民工工资	
2004~2011年	保障迁移劳动力的合法权益，实施过渡性保障措施
2004年1月——中共中央、国务院《关于促进农民增加收入若干政策的意见》，提出“城市政府要切实把进城农民的职业培训、子女教育、劳动保障和其他服务管理经费，纳入正常的财政预算”，“健全有关法律法规，依法保障进城就业农民的各项权益”。这是国家在政策层面上第一次承认农民工是工人阶级的组成部分，承认以往对农民工的歧视规定是不合理的，明确要求予以取消 2005年1月——中共中央、国务院《关于进一步加强农村工作提高农业综合生产能力若干政策的意见》发布，中央政策开始明确鼓励农民进城打工 2006年2月21日——中共中央、国务院《关于推进社会主义新农村建设的若干意见》正式公布，提出“逐步建立完善务工农民社会保障制度，依法将务工农民全部纳入工伤保险范围，探索适合务工农民特点的大病医疗保障和养老保险办法”。这是最早全面提出解决农民工社会保障问题的国家纲领性文件 2006年6月——中共十届全国人大常委会第二十二次会议通过了《中华人民共和国义务教育法（修订案）》，指出外出务工人员子女有在迁入地接受义务教育的权利，当地政府应“为其提供平等接受义务教育的条件”。同年，国家公务员招考首次对中央国家机关的招考职位不设户籍限制；同年进行的县乡人大换届选举中，流动人口的选举权与被选举权也得到重视 2007年3月——《第十届全国人民代表大会第五次会议关于第十一届全国人民代表大会代表名额和选举问题的决定（草案）》中首次提出，“中国将首次在不断壮大的农民工队伍中产生全国人大代表”	

续表

阶段	政策导向及相关政策
2008 年 1 月——中共中央、国务院《关于切实加强农业基础建设进一步促进农业发展农民增收的若干意见》要求“全面加强农民工权益保障，健全农民工社会保障制度”，“坚持以公办学校为主接受农民工子女就学，收费与当地学生平等对待”，“要提供符合农民工特点的低租金房屋，加快大中城市户籍制度改革，探索在城镇有稳定职业和固定居所的农民登记为城市居民的办法”，解决好农民工的居住问题，尊重和维护好农民工在城市的居住权利 2008 年 8 月——《社会救助法》向社会公开征求意见，明确提出，农民工作为中华人民共和国的公民，享有“申请和获得社会救助的权利” 2009 年 2 月 5 日——人力资源和社会保障部面向社会就《农民工参加基本养老保险办法》和《城镇企业职工基本养老保险关系转移接续暂行办法》公开征求意见。两个办法规定，跨省流动就业的农民工和城镇职工，在新就业地继续参保的，只要出示参保缴费凭证并提出转移接续申请，就由两地社会保险经办机构负责办理养老保险关系和资金的转移接续手续 2010 年 1 月 12 日——国务院办公厅发布《关于开展国家教育体制改革试点的通知》，要求完善农民工子女接受义务教育体制机制，在北京市、上海市、安徽省、广东省、云南省、新疆维吾尔自治区探索非本地户籍常住人口随迁子女非义务教育阶段保障制度	
2012 年至今	逐步健全城乡一体化体制机制，推进农业转移人口市民化
2012 年 8 月 30 日——国务院办公厅转发教育部等部门《关于做好进城务工人员随迁子女接受义务教育后在当地参加升学考试工作意见的通知》（简称《通知》）。该《通知》明确，要“坚持有利于保障进城务工人员随迁子女公平受教育权利和升学机会，坚持有利于促进人口合理有序流动，统筹考虑进城务工人员随迁子女升学考试需求和人口流入地教育资源承载能力等现实可能”，“因地制宜制定随迁子女升学考试具体政策” 2012 年 7 月 19 日——《国务院关于印发国家基本公共服务体系“十二五”规划的通知》。这是中国涉及基本公共服务体系的第一个国家规划，明确了“享有基本公共服务属于公民的权利，提供基本公共服务是政府的职责”。“均等化的核心是机会均等，而不是简单的平均化和无差异化” 2012 年 11 月 18 日——中国共产党第十八次全国代表大会召开。会议提出要促进农业转移人口市民化，推动城乡发展一体化 2013 年 6 月 21 日——国务院办公厅发布《国务院办公厅关于成立国务院农民工工作领导小组的通知》，进一步加强对农民工工作的组织领导，同时国务院农民工工作联席会议撤销 2013 年 11 月 12 日——中国共产党第十八届中央委员会第三次全体会议通过《中共中央关于全面深化改革若干重大问题的决定》（简称《决定》）。《决定》提出要健全城乡发展一体化体制机制，指出中国的城乡二元结构是制约城乡发展一体化的主要障碍。必须健全体制机制，形成以工促农、以城带乡、工农互惠、城乡一体的新型工农城乡关系 2013 年 12 月 12~13 日——中央城镇化工作会议提出了推进城镇化的主要任务。其中，推进农业转移人口市民化，解决好人的问题是推进新型城镇化的关键。全面放开建制镇和小城市落户限制，有序放开中等城市落户限制，合理确定大城市落户条件，严格控制特大城市人口规模 2014 年 7 月 30 日——国发〔2014〕25 号《国务院关于进一步推进户籍制度改革的意见》指出，要“深入贯彻落实党的十八大、十八届三中全会和中央城镇化工作会议关于进一步推进户籍制度改革的要求，促进有能力在城镇稳定就业和生活的常住人口有序实现市民化，稳步推进城镇基本公共服务常住人口全覆盖”。但也提出要“优先解决存量，有序引导增量”，根据“城市综合承载能力和提供基本公共服务的能力，实施差别化落户政策” 2014 年 9 月 30 日——《国务院关于进一步做好为农民工服务工作的意见》提出，“积极探索中国特色农业劳动力转移道路，着力稳定和扩大农民工就业创业，着力维护农民工的劳动保障权益，着力推动农民工逐步实现平等享受城镇基本公共服务和在城镇落户，着力促进农民工社会整合，有序推进、逐步实现有条件有意愿的农民工市民化”	

资料来源：根据佟文英（2009）、《南方都市报》特别报道组（2012）、中华人民共和国中央人民政府门户网站（http：//www.gov.cn/）、中国经济网（http：//www.ce.cn/xwzx/gnsz/szyw/201311/18/t20131118_1767104.shtml）、新华网（http：//www.xj.xinhuanet.com）和共产党员网（http：//www.12371.cn/special/2013czhgzhy/）等相关资料整理。

第三节 城市规模增长：迁移增长

本书研究的是1999年以后的劳动力迁移。从前文对中国迁移相关政策的梳理可以发现，进入21世纪以后，中国的迁移政策逐步发生改变，从以往的限制迁移到合理引导，再到重视迁移劳动力合法权益的保障以及最终推进制度创新，政策更为科学，注重以人为本。接下来本书着重分析中国劳动力迁移的规模强度、流向、劳动力结构的变化及在城市间的空间分布，并进一步考察这种空间分布的集聚性问题。

目前对于中国人口迁移状况的统计分析，既包括全国范围内的人口迁移特征及空间分布状况分析，如段成荣、吕利丹和邹湘江（2013），陈丙欣和叶裕民（2013）等；也有对单个省份进行的分析，如张付娟等（2013）主要关注陕西省流动人口的空间分布问题。省级层面可以利用常住口径和户籍口径倒推迁移人口，但这属于净迁移人口，如刘盛和等（2010）就利用总量迁移人口与净迁移人口分析省级层面流动人口的地域分布及空间分布特征。这些研究表明，人口迁移，尤其是农村劳动力的乡—城迁移，是中国20世纪90年代以来伴随经济社会发展的重要现象，也是城镇化过程的核心内容之一。中国的劳动力迁移主要是从农村向城市迁移，是一种“以经济型为主导”的迁移，表现为从中西部落后地区向东部经济发达地区迁移，并且向东部沿海少数区域集聚；综合总迁移量与净迁移量两个维度，刘盛和等（2010）将中国的省市划分为净流入型活跃区、净流出型活跃区、平衡型活跃区和非活跃区四种空间地域类型。

目前来看，这些研究都以省级行政区为基本空间单元，属于宏观分析，能进一步做到城市层面的还不多。朱传耿等（2001）、鲍常勇（2007）、王国霞等（2012）和段成荣等（2013）虽然都是基于城市视角，但使用的是“五普”及以前的数据，因此需要在以上研究成果的基础上，进一步利用“六普”及更新的数据把握中国劳动力迁移在城市层面的变化趋势。

一、迁移总体规模、流向及结构

（一）规模强度

1982 年，中国流动人口数量仅为 657 万人。到 2000 年第五次全国人口普查时，全国流动人口约为 1.44 亿人，比 1982 年增长了 20 倍。2013 年全国流动人口达到 2.45 亿人，比 2000 年又增长了 70%，如图 4-6 所示。

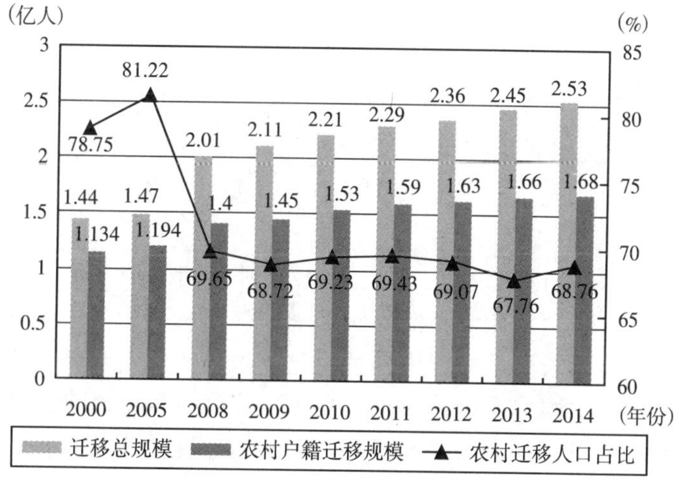

图 4-6 中国迁移人口规模及构成情况

注：1995~2000 年这一段时间农村迁移人口占比更高，以 1996 年为例，公布的全国流动人口与农村外出务工人员数据基本一致。另外，2000 年的迁移人口包括市辖区内人户分离的人口，其余年份为第二口径数据，使得分母偏大、比值下降。2005 年农村户籍迁移规模根据 2000 年和 2004 年数据，以算术平均值推算。

资料来源：蔡昉主编的《中国人口与劳动问题报告》（2002、2006），《中国流动人口发展报告》（2010、2011、2012、2014），《2013 年中国流动人口发展分省报告》，《中国人口普查资料》（2000、2010），《2013 年全国农民工监测调查报告》，《2014 年国民经济与社会发展统计公报》以及国家统计局官网。

20 世纪 80 年代中后期，以国务院《关于农民进入集镇落户问题的通知》为标志，国家在一定程度上放松了对农村人口进入中小城镇的控制，农村外出流动松动。中国流动人口中农村户籍外出人员一直占主体，即乡—城劳动力迁移人口为主要人群。但数据表明，2008~2010 年受全球金融危机引发的经济危机的影响，农村外出劳动力出现大幅下降。除此之外，2013 年以来，其占比又出现微小下降的趋势。由于缺乏进一步的数据，无法准确判断这种趋势。

2015年中国农民工总量为2.77亿人。自2008年有监测数据以来，中国农民工规模年均增长率为3.86%，但每年的增长率呈现下降的趋势，以2008年为基准，2009~2013年各年的增长率分别为1.93%、5.42%、4.36%、3.89%和2.14%①。其中，2015年外出农民工规模（相当于本书研究的迁移劳动力）为1.69亿人，占农民工总规模的60.85%，年均增长率为3.66%；其中，举家迁移的规模增长最快，年均增长4.66%（截止到2013年）。这种举家迁移的增长，与之前以亲情割裂为代价的个体迁移相比，更为人性化、合理化，代表了整体社会的进步②。

有研究指出，在中国户籍制度没有大的改变的前提下，根据城镇化、工业化进程和城乡人口变动趋势预测，到21世纪中叶，中国流动人口规模将达到峰值③。届时，流动人口总规模将达到3.5亿人，其中农村户籍流动人口为2.6亿人（国家人口和计划生育委员会流动人口服务管理司，2012）。

总之，进入21世纪以来，中国外出农村劳动力规模经历快速增长阶段后，逐步进入减速增长。与此同时，举家外出的规模将会以比总量规模增长更快的速度增长，反映出中国城镇化质量的提升与经济社会发展的进步。另外，随着中国户籍制度改革的推进，在乡—城迁移劳动力规模占比稳中有降的趋势下，预期城—城迁移劳动力占比在未来将会提高。

（二）迁移流向

通过对比2000年“五普”数据与2010年“六普”数据，我们可以发现，从大的区域来看，十年间，无论是各区域迁入人口占总迁入人口的比重，还是三大区域的占比，变化都不是很大。其中，从各区域迁入人口占总迁入人口的比重来看，东部地区和西部地区有微小的提高，而中部地区有微小下降；从区域占比来看，则是东部地区和中部地区微小上升，而西

---

① 2009年相比2008年仅增长1.93%，很大程度上是受金融危机的影响；2010年出现了恢复性增长，相比2009年增长了5.42%。

② 由于中国迁移人口亲情的割裂，出现了农村留守儿童、留守妇女与空巢老人等严重的社会问题。以个体为主的迁移，表明中国城镇化进程中存在不完整性，重量轻质。

③ 根据第六次全国人口普查，流动人口指离开户口所在地、跨乡（镇、街道）居住半年以上的人口，主要包括农村户籍流动人口和城镇户籍流动人口。

部地区略微下降[①]（如表 4-2 所示）。但从迁入人口的增长速度来看，西部地区最高，为 86.8%，东部地区次之，为 79.5%，中部地区为 77.6%。这表明，中西部地区与东部地区在吸引迁移人口方面能够基本上保持一致，而且受益于国家西部大开发战略，西部地区在吸引人口回流方面还是有一定成效的。

表 4-2　2000 年和 2010 年中国人口迁移区域分布情况

区域	2000 年			2010 年		
	迁入人口（万人）	占总迁入人口比重（%）	区域比例（%）	迁入人口（万人）	占总迁入人口比重（%）	区域占比（%）
东部	8764.6	60.7	60.2	15731.4	60.3	60.7
中部	2594.5	18.0	17.7	4608.1	17.7	18.0
西部	3080.0	21.3	22.1	5754.4	22.0	21.3
合计	14439.1	100	100	26093.8	100	100

资料来源：《中国人口普查资料》，国家统计局官网。

从迁移的距离这一角度来看，以农村迁移人口为例，其表现出全国范围内省内迁移，即中短途距离的迁移略占优势，而各区域存在差距的状况。2015 年时，按输出地划分（如表 4-3 所示），在外出农村劳动力中，跨省流动人口 7745 万人，省内流动人口 9139 万人，分别占外出总数的 45.9%和 54.1%。分区域来看，东部地区外出农村劳动力以省内流动为主，即以短途迁移和中途迁移为主，省内流动人口占比为 82.7%；中西部地区农村劳动力以跨省流动，即长距离迁移为主[②]，跨省流动人口占比分别为 61.1%和 53.5%。

进一步分析这些外出农村劳动力的区域流向分布。国家统计局最新的《2016 年全国农民工监测调查报告》的数据显示，从输入地看，在东部地区务工的农民工有 15960 万人，占农民工总量的 56.7%（加上东北三省数

① 十年间增幅与降幅不大，这在一定程度上也可以理解为中西部地区与东部地区在吸引劳动力迁移方面是同步增长的。当然，还需要再结合最新的数据来做判断。

② 这里的“短途迁移”、“中途迁移”和“长距离迁移”，分别对应统计数据中的县内流动、省内县外流动和跨省流动三个口径。与叶裕民和黄壬侠（2004）以及陈丙欣和叶裕民（2013）的研究中使用的口径类似。

据后，这一比例为59.9%），仍占主导地位；在中部地区务工的农民工有5746万人，占农民工总量的20.4%；在西部地区务工的农民工有5484万人，占农民工总量的19.5%。

表4–3 2015年按输出地划分的外出农村劳动力规模及构成

单位：万人、%

指标	总量			构成		
	外出农村劳动力	跨省流动	省内流动	外出农村劳动力	跨省流动	省内流动
合计	16884	7745	9139	100	45.9	54.1
东部地区	4944	858	4086	100	17.3	82.7
中部地区	6592	4024	2568	100	61.1	38.9
西部地区	5348	2863	2485	100	53.5	46.5

资料来源：《2015年全国农民工监测调查报告》，国家统计局官网。

总之，中国东部地区仍是迁移人口的主要迁移地。虽然从全国范围来看，农村外出迁移人口似乎表现出远距离迁移与中短途迁移近乎相当的格局，但分区域来看则差异较大：东部地区由于经济发展水平高，经济机会较多，以中短途迁移为主；而中西部地区外出农村劳动力的迁移则以长距离迁移为主，且主要是流向中国的东部地区。

（三）结构变化

关于中国劳动力迁移的结构变化的研究，目前最好的办法是利用“五普”和“六普”的数据观察其在20世纪末至21世纪初这十年时间的变化。在已有的研究成果中，叶裕民和黄壬侠（2004）利用“五普”数据分析指出，中国人口流动呈现出规模大、增长快，流动人口的文化差异大，发达地区和城市化水平高的地区是流动人口的主要吸收区域，经济落后的人口大省是流动人口的主要输送地，流动人口在距离上以近邻流动和中程流动为主、在空间分布上建制镇多于城市等特征。其研究结论为，中国正在进入移民时期。之后，陈丙欣和叶裕民（2013）利用“六普”数据对比分析，仍认为中国流动人口规模大、增速快，从年龄与性别的角度来看，以中青年为主体、男性比重较大，空间分布以东部为主、中西部地区增速较快，迁移距离由近邻流动为主转变为近邻流动、中程流动和远程流动并重，人口净流入、净流出与经济发展程度密切相关。

通过对比可以看出：迁移劳动力的总体规模仍呈现出增长的趋势，迁入和迁出与地区经济发展程度相关这一关系没有改变。十年来，在流动人口的空间分布上，在以东部为主要吸引区域这一基调没有改变的前提下，中西部地区出现较快的增长速度。另外一点变化是，“六普”时以短距离迁移为主的局面已经改变。

需要指出的一点是，这种分析仍较为宏观，无法把握更为详尽的信息。另外，有两点是没有提到的：一是中国劳动力迁移过程中出现的最突出的结构变化是“新生代”与“老一代”迁移劳动力的分野；二是中国劳动力迁移的类型在发生变化。这种迁移结构的变化，代表了不同生命周期、不同地域迁移人口的迁移动机、迁移需求的差异；而这种差异，必将带来城市迁移活跃程度的进一步分化，并会对中国未来城镇化进程带来一系列影响。

1. 迁移人口代际变化

2010 年 1 月，国务院发布的中央一号文件《关于加大统筹城乡发展力度进一步夯实农业农村发展基础的若干意见》中，首次使用了“新生代农民工”的提法。2005 年，1980 年以后出生的流动劳动力占全部流动劳动力的 30%。预计到 2015 年其占全部流动人口的比例将翻一番，达到 60%[①]。另外，2013 年，这一部分劳动力占 1980 年及以后出生的农村从业劳动力的比重为 65.5%[②]。目前，与老一代农民工相比，新一代农民工呈现以下特点：

一是选择迁移的比例高且年轻化趋势明显。2013 年 10061 万新生代农民工中，选择迁移外出与留在本地就业的劳动力比例为 80.3∶19.7，表明有 80%以上的劳动力选择迁移外出。另外，新生代农民工初次外出的平均年龄更低，仅为 21.7 岁，比老一代农民工初次外出的平均年龄低 4.2 岁。二是受教育程度普遍较高。与老一代农民工以初中及以下为主（占 85.9%）的受教育程度相比，新生代农民工则以初、高中文化程度为主，占比为 81.1%。高中及以上文化程度的新生代农民工占比为 33%左右，比老一代农民工高 19.2 个百分点。三是从流向来看，新生代农民工主要集

① 2005 年的数据引自《2010 年中国流动人口发展报告》第 23 页。
② 2013 年的数据引自《2013 年全国农民工监测调查报告》。

中在东部地区及大中城市。其中，8118万人在东部地区务工，占到新生代农民工总体的64.8%；在中部和西部地区务工的人数占比大体相当，分别为17.7%和17.2%。进一步来看，新生代农民工更偏好在大中城市就业，在大中城市就业的新生代农民工占新生代农民工总数的54.9%，这一比例比老一代农民工要高出28.9个百分点。四是新生代农民工更倾向于就地消费。新生代农民工在外务工的月生活消费支出为人均939元，比老一代农民工高19.3%，而人均寄回或带回老家的现金则比老一代农民工少29.6%。另外，与老一代农民工多居住在工棚和单位集体宿舍的情况不同，迁移外出就业的新生代农民工更愿意选择租房居住，其中单独租赁或与他人合租住房的占到40.4%。五是新生代农民工渴望融入城市。相比老一代迁移劳动力，新一代迁移劳动力对传统的农业、农村和土地不熟悉，甚至非常陌生。不同于上一代迁移外出的劳动力只在城市中扮演着过客的角色，这些新一代农民工希望融入城市。即这一代的迁移劳动者带有实现永久性迁移的意愿，并有着更为丰富的迁移动机与迁移需求，会对城市有更多样化、更高的要求。

2. 迁移类型变化

迁移劳动力按照其户籍可分为农村户籍迁移劳动力和城市户籍劳动力。相应地，按照其迁移流向迁移可分为乡—城迁移、城—城迁移和城—乡迁移。由于中国禁止城市户籍人口到农村买卖土地及宅基地，现阶段城—乡迁移可以忽略不计。从前面的分析也可以看出，乡—城迁移劳动力占中国迁移劳动力总体的绝大多数，也是学者研究的主要对象。但从统计数据可以发现，受2008年金融危机的影响，2009年农村户籍迁移人口占到总迁移人口的比例有所下降，除此之外，2013年以来，其占比又开始出现微小下降的趋势。对于这种现象，需要新的数据才能判断其是否已成为趋势。可以肯定的是，农村外出劳动力近年来正以减速的趋势增长。另外，其他类型的外出迁移人口所占的比例近年来也一直保持在30%左右，可以判断其中很大一部分属于城—城迁移劳动力。2009年国家人口计生委在5个城市（北京、上海、深圳、太原、成都）开展流动人口动态监测调查时发现，城—城流动人口占流动人口时比例为16.9%，2010年下半年对上述5个城市再次监测后发现，城—城流动人口比例上升至18.0%。城—城迁移劳动力对迁入地政府提供的各项服务，尤其是子女入学、社会保险、看病就医等方面的不满意程度显著于乡—城迁移人口①。

总之，进入21世纪以来，随着交通通信的发展，空间物理距离对人们迁移的限制作用降低。而新一代迁移劳动力融入城市的愿望不断增强，他们迁移的动机已经不再局限于找工作、赚钱，而是希望赚钱的同时能够享受城市的生活，实现自我提升。这一点也进一步验证了本书第三章中提出的第一个有关迁移动机转变的假说。

随着中国包括户籍制度在内的相关制度的改革逐步推进，未来中国城镇化推进过程中，城—城迁移将占很大一个比例。中国的劳动力迁移正从乡—城迁移为主，逐步发展到乡—城迁移和城—城迁移并存的阶段，同时前者占比呈下降趋势而后者占比则呈上升趋势，城—城迁移将变得越来越重要，需要加强研究。

二、迁移在城市的分布及城市迁移类型分析

国内目前从城市角度考察中国迁移劳动力或说流动人口的分布问题主要依据“五普”数据，因此，本书不再做重复性工作，对2000年的情况介绍主要采取借鉴已有研究成果的办法，重点是使用“六普”及最新数据做较为详细的分析（第一口径标准），对比分析迁移发生的变化及其趋势。这里地级及以上城市按市辖区口径计算，而县级市由于没有进一步细分的数据，使用的是全市数据。

（一）劳动力向地级及以上城市迁移集聚

根据王国霞等（2012）利用“五普”数据的计算，2000年，全国共有663个建制城市，其中包括4个直辖市，15个副省级城市，244个地级市和400个县级市，而地级及以上城市共263个。从迁入地来看，迁移到县级市及以上城市的共6604万人，占全国总迁移人口的83.86%。其中，263个地级及以上城市的迁移人口总量达到5207万人，占全国城市迁移总量的78.85%。

2010年第六次全国人口普查时，全国共有657个城市，其中直辖市4个，副省级城市15个，地级市268个，地级及以上城市共287个，县级市370个。其中，2010年江西省共青城市刚刚改制，缺少数据，故舍去。

① 相关数据引自《中国流动人口发展报告》第49~55页。

因此，计算时县级市实际为369个[①]。对比2000年数据，同样从迁入地来看，2010年迁移到县级市及以上城市的共2.08亿人，占全国总迁移人口的79.8%，下降了约4个百分点。其中，268个地级及以上城市的迁移总量约为1.7亿人，占全国向城市迁移总规模的81.73%，相比2000年提高了2.88个百分点，表明十年间有更多的劳动力向地级及以上城市迁移。

2015年，迁移劳动力向大中城市及特大城市集聚的趋势在农村外出劳动力中同样明显。如表4-4所示。

表4-4 2015年按城市类型划分的外出农村劳动力规模及构成

单位：万人、%

指标	合计	直辖市	省会城市	地级市（包括副省级）	小城镇	其他
外出农村劳动力人数	16884	1460	3811	5919	5621	73
其中：跨省流动	7745	1188	1752	3258	1473	73
省内流动	9139	272	2059	2660	4148	0
外出农村劳动力构成	100	8.6	22.6	35.1	33.3	0.4
其中：跨省流动	100	15.3	22.6	42.1	19	0.9
省内流动	100	3	22.5	29.1	45.4	0

资料来源：《2015年全国农民工监测调查报告》，国家统计局官网。

2015年，在16884万迁移外出的农村劳动力中，有11190万向城市迁移（包括直辖市、省会城市、地级市），占总体迁移外出劳动力的66.3%；向小城镇及其他迁移的比例为33.7%。具体来看，7745万跨省流动农民工中，有1188万流入直辖市，1752万流入省会城市，3258万流入地级市（包括副省级），占跨省流动总规模的80.1%。同时，省内流动农民工中有45.4%（约一半人口）主要向小城镇迁移。可以认为，跨省迁移劳动力主要向地级市及大中城市迁移，而省内迁移劳动力一半聚集在小城镇，另外一半聚集在大中城市。也就是说，长距离迁移主要是向大中城市迁移，而中短途迁移在大中城市与小城镇的选择上各占一半。

（二）劳动力更倾向于向大及特大城市迁移

从表4-5可以看出，2010年全国向500万人及以上城市迁移的人口占

① 另外，2010年云南省的蒙自县、文山县改制为县级市，计算时使用原县口径数据。

向城市迁移规模的76.20%，而2000年这一比例为34.9%，提高了约41个百分点。其中，向6个1000万人及以上城市迁移的劳动力就占到全国向城市迁移规模的42.91%；这6个城市包括4个直辖市和广州、深圳这2个副省级城市。向200万人及以上城市迁移的劳动力占全国向城市迁移规模的97.38%，这些城市主要是各省的省会城市、副省级城市及东部沿海的一些城市。与此同时，100万人以下的城市，尤其是20万人以下的小城市则严重萎缩，其迁移劳动力的占比不论是按全国向城市迁移规模还是按全国迁移规模计算，都在0.5%以下。

表4-5　2010年按迁入地分组的建制市迁移人口规模

城市规模分组	个数	迁入人口数（万人）	占全国向城市迁移规模比重（%）	占全国迁移人口比重（%）
1000万人及以上	6	8935.68	42.91	34.24
500万~1000万人	10	6932.01	33.29	26.57
200万~500万人	35	4409.42	21.18	16.90
100万~200万人	143	4057.01	19.46	15.53
50万~100万人	270	3449.05	16.56	13.22
20万~50万人	161	1255.84	5.89	4.70
20万人以下	31	97.92	0.47	0.38

注：城市人口规模按迁入地常住人口计算。普查数据为时点数据，与《城市年鉴》中的年末时期数据有些出入，由于这里侧重比例变化，这些差异可暂时忽略不计。
资料来源：《中国2010年人口普查分县资料》。

在统计中还发现，各省的省会城市以及一些经济较发达的城市是本省省内迁移的主要目的地。这表明，中短途迁移（即县外省内和乡外县内两种类型）主要集中于省会城市及副省级城市等大及特大城市。

（三）城市迁移类型空间分析

为反映城市在迁入与迁出类型上的差异，这里借鉴刘盛和等（2010）的做法，按照净迁移率和总迁移率两个指标对城市进行分类①。其中，净迁移率反映一个城市属于净迁入还是净迁出城市；总迁移率反映城市迁移

① 本书没有对净迁移率和总迁移率两个指标做进一步修正。虽然刘盛和等（2010）使用迁入占比、迁出占比等权重对指标进行了调整，但笔者使用这种方法计算时发现并不合适。

劳动力的活跃程度，能够分辨出迁入与迁出规模都比较大的城市。

1. 指标构建

净迁移率（net migration rate）=净迁移量/城市常住人口 =（城市常住人口-城市户籍人口）/城市常住人口。

总迁移率（gross migration rate）=（迁入量+迁出量）/总人口=［迁入量+（迁入量-净迁移量）］/城市常住人口①。

本书利用《中国 2010 年人口普查分县资料》计算得到 656 个县级市（不包括江西的共青城市）及以上城市的总人口、户籍人口、迁入人口等数据，进一步计算后得到以上两个指标值。

2. 结果分析

在不考虑城市人口规模权重的前提下，按照 10%的阈值计算时结果如下②：

净迁移率> 0.1 且总迁移率> 0.1 的城市属于净迁入活跃型城市。此类城市共有 179 个，其中 123 个地级及以上城市，56 个县级市。

-0.1≤净迁移率≤0.1 且总迁移率> 0.1 的城市属于平衡活跃型城市。此类城市共有 350 个，其中 141 个地级及以上城市，209 个县级市。

净迁移率< -0.1 且总迁移率> 0.1 的城市属于净迁出活跃型城市，此类城市共有 122 个，其中 23 个地级及以上城市，99 个县级市。

总迁移率≤0.1 的城市属于非活跃型城市。此类城市共 5 个，均为县级市。

由此可见，地级及以上城市主要为净迁入活跃型城市或平衡活跃型城市，而且所有的地级及以上城市都属于迁移活跃型城市，即迁入量、迁出量或两者规模都很大；地级及以上城市中只有少量为净迁出活跃型城市。县级市则有近 2/3 为平衡活跃型城市，其余主要为净迁出活跃型城市和非活跃型城市。

附录 C 汇总了这些不同迁移类型的城市的人口、经济总量、面积等特征信息，进一步将其整理为表 4-6。由于地级市和县级市的人口口径不同，表 4-6 中只列出了 286 个地级及以上城市③。我们可以清楚地看出，

① 转引自 Peters 和 Larkin（1989）。

② 国际经验认为，当区域流动人口占总人口的比重超过 10%时即已整体上迈入人口流动性社会。转引自刘盛和等（2010）。

③ 不包括共青城市和拉萨市。

中国城市的迁移活跃程度似乎与城市的行政等级有较强的关联：净迁入活跃型城市主要为东部地区的城市，以及中西部地区的省会城市；净迁出活跃型城市则主要分布于中西部地区；平衡活跃型城市则散落于几大区域间，其中包括一个直辖市，即重庆。这与前文得出的劳动力向地级及以上城市迁移集聚的判断一致。国内有学者指出中国近年来大城市尤其是特大城市规模的快速扩张，是与快速城镇化进程中的行政中心偏向紧密相关的（魏后凯，2014b）。这与本书的结论较为一致。

表 4-6 城市迁移类型分组

	城市行政等级					人均 GDP 平均值（万元）
	直辖市（个）	副省级省会城市（个）	副省级非省会城市（个）	非副省级省会城市（个）	一般地级市（个）	
净迁入活跃城市（122）	3	9	5	18	87	5.44
净迁出活跃城市（23）	0	0	0	0	23	1.94
平衡活跃城市（141）	1	1	0	0	139	3.66

注：人均 GDP 使用当年价格，以城市市辖区 GDP 除以城市常住人口计算得到。

综合来看，首先，迁移活跃型城市，尤其是净迁入活跃型城市和平衡活跃型城市主要位于东部沿海地区，往往对外贸易发展的区位条件较好，在国内也是较早进行对外开放的地区；其次，这些城市在空间分布上呈现出以城市群为载体的格局，表明这些城市的城镇化水平相对较高，而大量迁移人口的进入，形成了城市人口规模机械增长的来源；最后，这些城市在行政等级排序上相对靠前，拥有更多的资源来对城市的基础设施、公共服务进行完善，从而进一步提高城市对产业的集聚作用，提升城市的综合集聚效应。

三、中国城市绝对规模与相对规模的差异

谈城市规模，并不越大越好，也不是越小越好，有一个度的问题。因此，理论上有对“最优规模”和“有效规模”的争论。相应地，当所有的城市都能够保持在最优规模范围内时，其形成的总体城市规模会有一个结

构，这是一种城市间的结构。理论上有关于首位城市结构和位序结构的争论。一般认为，规模越大的城市数量越少，规模越小的城市数量越多，从而形成一种布局。大部分人口向少数几个大城市集聚时，容易呈现出首位城市结构；而人口在城市间分布相对均匀时，往往表现为平衡型的城市结构，也就是位序—等级结构，人口规模越大的城市数量越少，反之则反。这种布局来自城市内部及城市间相关力量的均衡。

本书利用“六普”数据对 286 个地级市（不包括拉萨市）的规模位序关系进行测算，即利用 $\log P_i = \log P_1 - q \times \log R_i$，进行一元线性回归。最终得到的 q 值为-0.835。

一般认为，$q>1$ 说明规模分布比较集中，大城市发展较为突出；$q<1$，说明城市人口分布比较分散，城市规模分布较为均匀；而 $q=1$ 即为 zipf 分布法则（周一星，1995）。从结果来看，似乎可以认为中国地级及以上城市人口分布较为均匀。但需要明确的是，地级及以上城市并不能代表所有的城市；另外，这个结果与前文得到的中国 500 万人以上特大城市集聚 60%以上全国迁移人口的结论似乎有些不吻合。之所以出现这种看似矛盾的结果，我们认为，一方面可以理解为中国大量中小城市，尤其是数量庞大的县级市及小城镇发展不足，存在着相对萎缩的现象；另一方面也可以理解为单纯从人口规模角度来理解城市规模具有片面性，需要结合其他维度进行深入分析。从中国的情况来看，前者是存在的。下面着重来看一下后者。

在了解了一个城市的绝对人口规模及城市规模分布的基础上，有必要进一步分析该城市的人口规模与其他要素的关系，即相对规模处于一种怎样的水平。“相对”是一种比例或比率，可以从一个城市的经济发展水平、社会进步水平与环境水平等多方面考虑。限于篇幅与数据，本书主要从两个层面分析，如表 4-7 所示。

表 4-7 城市相对规模测算指标选取

指标	指标取值	意义
资源环境人口	市辖区建成区面积（平方公里）	一方面反映城市居民在城市生存空间的大小；另一方面反映城市是否集约化利用环境资源
公共服务人口	市辖区地方财政一般预算支出（万元）	城市提供的公共服务所能满足的需求人口，反映城市发展的功能配套能力

通过利用“六普”各地级及以上城市总人口规模数据，以及《中国城市年鉴》(2011) 的城市相关数据，从高到低排序，分别得到 286 个地级及以上城市的绝对人口规模位序 (rank1)、城市资源环境相对人口规模位序(rank2) 与城市公共服务相对人口规模位序 (rank3)。以绝对人口规模位序 (rank1) 为 x 轴，分别与相对人口规模位序做散点图 (为方便观察，x 轴取线，y 轴取点)，如图 4-7 所示。

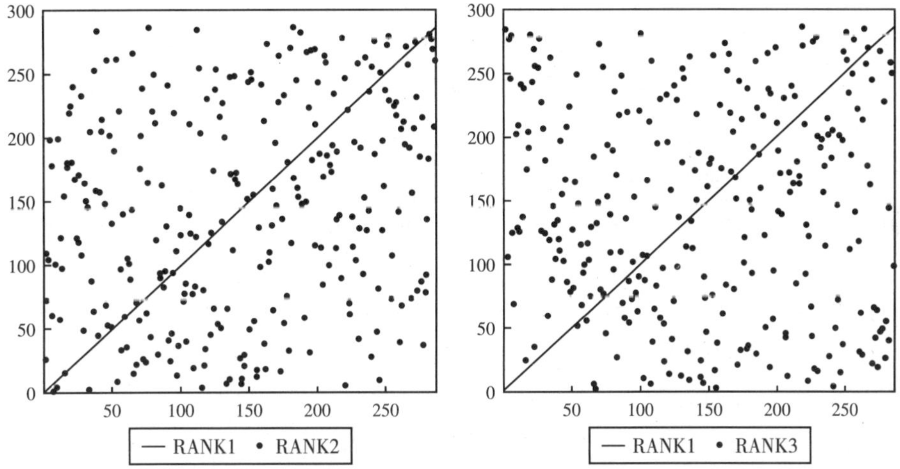

图 4-7　城市相对规模等级散点图

可以发现，城市绝对人口规模位序与相对人口规模位序之间并不存在明确的对应关系。只有少数处于 45°线附近，大量城市分列两侧：一部分绝对人口规模较少，但资源环境人口规模和公共服务人口规模较大；另一部分则有较大的绝对人口规模，但资源环境人口规模与公共服务人口规模较小。上海、北京、重庆和天津这样的特大城市，其绝对人口规模分列前四位，但相对人口规模位序则靠后。如北京和天津的公共服务人口规模分别列第 283 位和第 287 位；而资源环境人口规模位序则分别为第 108 位和第 104 位。上海的资源环境人口规模位序为第 25 位，但公共服务人口规模位列第 285。重庆的资源环境人口规模位序和公共服务人口规模位序相比其他三个城市则要靠前一些。

对此，我们可以理解为，一些特大城市，如北京、天津的资源环境承载容量仍有很大余地，其公共服务保障能力也相对较强。北京作为首都，是个特例。其资源环境的保障能力不仅来自其自身，还来自从周边及更远距离地区资源的调动。典型的例子是水资源。北京是一个严重缺水的城市，2014年底正式运行的南水北调工程，远调长江水来保障北京的用水。也有像上海这样的特大城市，其资源环境人口压力较大。更多城市存在的问题是，资源环境集约利用率低，存在粗放使用的情况；或者公共服务及城市功能等方面发展滞后，无法满足其人口规模增长的需求。

总之，城市的绝对人口规模是城市发展一个方面的表现，是一个结果，而不是目的。分析城市的人口规模时不能仅看其绝对量，还要结合人口规模与城市自身各方面的对应关系，看其相对量。本书中仅使用了两个指标做简单的分析，并不能完整地把握目前中国城市，尤其是地级市的人口规模综合发展情况，但仍可以发现存在的一些问题，如一些特大城市在公共服务等方面的优势不断吸引人口的迁入，一些城市的人口规模与其资源环境承载力不匹配，另一些城市的公共服务配套能力不足形成其对人口的吸引力，还有一些城市存在着对资源环境的粗放利用，等等。那么，在目前的城市发展导向与政策前提下，城市的哪些因素在吸引着人口的迁入与迁出，从而影响了城市绝对人口规模与相对规模之间的关系？关于城市对迁移的吸引力的分析，将在第六章进一步展开。

第四节　小结

本章第二、第三节从人口自然增长、迁移增长两个维度对中国城市人口规模的增长情况做了一个介绍。分析表明，在中国整体人口生育结构向低生育型转变的背景下，城市人口规模增长的动力源泉已经向城市外人口，即以劳动人口为主的迁移人口转变。中国的城镇化水平在1996年左右进入30%的加速提高时期，劳动力迁移也进入了快速增长的阶段。可以认为，自20世纪90年代中后期开始，尤其是进入21世纪以后，在城市人口自然增长保持稳定的背景下，中国迁移劳动力人口已经成为不同区域城市人口规模增长的重要力量，也是中国城镇化的重要推动力和核心内容之一。

通过对中国劳动力迁移总规模、流向、结构以及在城市的分布的现状进行统计描述，可以总结出以下几个事实：

第一，中国不同区域经济发展、城镇化进程不同步。这一点，从代表性城市的数值可见一斑：四个城市的城镇化水平在同一时间段表现出一定的差距。另外，每个城市城镇化起步或说进入30%的加速期在时间上有早有晚，这又反映出中国不同地区城市经济发展的差距。

第二，在中国城镇化进程中，人口，从经济学意义上来说的劳动力的迁移，自20世纪90年代中后期以来，逐步成为城市人口规模增长的重要动力。事实上，劳动力的迁移，尤其是乡—城迁移也是城镇化的重要内容。北京、上海这类较大城市，在大量劳动力流入其中的同时，无不伴随着较高的城镇化水平。如2004年北京按照户籍人口常住人口两个统计口径，城镇化水平相差10个百分点，分别为69.2%和79.5%；上海按照户籍人口及常住人口两个口径计算的城镇化水平分别为74.3%（2004年）和89.1%（2005年），相差15个百分点。1980年，北京和上海的城镇化水平按照户籍人口计算，已经分别高达60%和50%以上，在之后的20年里城镇化水平增长缓慢（也符合国际经验）。进入21世纪后，由于统计口径发生变化，由户籍人口转换为常住人口，其城镇化水平都提高了10多个百分点，超过了80%。而实际上两市各自的户籍人口自然增长率相对稳定甚至为负。大量外来劳动人口迁移进入，带来了这些城市的快速发展，这种贡献不可小觑。与此相反，重庆自设立直辖市以来，一直呈现出户籍人口多于常住人口的状况，表明有大量人口流出；这种劳动人口的外迁，从统计上起到了减小城镇化水平分母的作用，一定程度上也提高了重庆的城镇化水平。

第三，劳动力的迁移在不同区域城市的人口规模增长中起着不同的作用：在东部较大城市中主要起着增加分子的正向促进作用；而在中西部地区则从减小分母层面反向促进作用。这种一增一减，在短期内都会促进城镇化水平的提高，但从长期来看，会带来一些经济社会问题。由于外迁劳动力多为中青年群体，而不能也不愿意迁出的，很大比例上为老、弱、幼群体，这将给迁入地与迁出地带来不同的社会问题，如减缓迁入城市的老龄化水平，而加速迁出地的老龄化水平；增加迁入城市的劳动力人力资本积累，减少迁出地的人力资本水平。从长期来看，这对迁出地的城镇化水平及质量提升都是一个抑制因素。随着迁入城市资源、环境承载能力逐步接近极限值，这也将会带来迁入城市整体经济、社会、环境发展质量的下降，即集聚不经济问题凸显。

第四，随着城镇化水平的提高，中国劳动力迁移的类型已经出现分化，由过去的乡—城迁移为主，逐步过渡到乡—城迁移、城—城迁移并存的阶段。如果说乡—城迁移代表着城镇化的方向，那么城—城迁移则会对不同城镇规模起到调整的作用，是中国进入城市型社会的重要表现。自2012年中国城镇化水平超过50%后就有学者提出，中国将逐步由乡村型社会向城市型社会转变。与此同时，乡—城迁移劳动力的结构也在发生改变，新生代农村劳动力不断增长。与老一代迁移劳动力以就业为主导的经济动机不同，新生代农村劳动力以及城—城迁移劳动力的迁移动机更为多样化，他们不仅关注就业机会的增加、收入的提升，更关注个人的全面发展，教育、医疗和资源的使用权利等无不成为他们在选择迁移目的地时考虑的重要内容。反过来，城市想要吸引高人力资本水平的劳动力迁入，就不得不尊重并满足他们的需求。可以说，多种迁移类型以及不同迁移动机的存在，对城市管理者提出了更高的要求，也必将会对中国未来城市人口规模的增长及其空间格局变化产生影响，这需要引起学界及政府的关注。

第五，随着中国城镇化进程进入到以城市群为载体的阶段，未来中国劳动力迁移目的地也将出现分级结构。都市圈、城市群及中西部地区省会城市将成为中国未来劳动力迁移的主要集聚目的地，而各地的小城镇将成为就近迁移的首选。从统计中可以发现，各省省会城市均是本省中短途迁移，即省内迁移的主要目的地。与此同时，东部地区以5个1000万人以上人口规模的城市，即北京、上海、天津3个直辖市以及广州、深圳2个副省级城市为核心，发展起来的京津冀、长三角和珠三角城市圈，以及中部地区的长株潭、中原、关中平原和武汉城市群等地区的城市都是劳动力净迁入型，并且迁入迁出的活跃程度较高。西部地区的几大省会城市，即成都、银川、吐鲁番和直辖市重庆等地呈现分散集聚的状况。由于距离仍旧对劳动力的迁移行为发挥作用，会有较大规模的劳动力愿意选择就近迁移。可以推断，随着中国公共服务均等化进程的推进，公共服务水平得以提升的各地小城镇也将成为劳动力就近迁移的首选。

第六，通过综合分析城市绝对人口规模及相对规模发现，中国城市的规模增长存在着一些不协调问题。既有城市粗放利用各种资源（以土地资源为代表）的情况；也有城市行政级别差异所导致的城市公共服务供给及保障能力差异较大的问题。只有较少量的城市表现出绝对规模位序与相对规模位序的一致。这一点再次表明，单纯以绝对的城市人口规模作为政策目标是不可行的。城市作为一个集聚体，不仅在于体量、规模庞大，也需要注重城市内部结构、功能布局、城市管理与运行的集聚。即集聚不仅有绝对的“度”，也有结构这个相对的“度”（王宁，2015）。从人口规模这个层面来观察城市规模，目的不在于讨论城市人口规模的绝对量有多大，而在于分析城市的人口规模是否与其经济、社会、资源、环境等方面保持相互协调的关系。本书不赞成单纯对城市的人口规模进行分析，而是强调综合全盘考虑，否则很容易形成错误的政策导向。

另外不得不考虑的一点是中国城市绝对规模与相对规模之间的关系。就目前中国的情况来看，一些特大城市经济发展水平高、公共服务能力强，在资源获取方面占有优势；而一些中小城市、小城镇则在资源利用、经济发展等方面相对弱势。在劳动力迁移动机不断多样化的背景下，这将有可能导致出现“极化”的势头。这也是本书第三章的推论 1 想要表达的思想。

第五章　劳动力迁移动机转变：城市规模增长的微观基础

本书的理论模型偏重于中宏观层面城市增长模式的分析，而对劳动者迁移动机及行为并没有展开分析。本章主要验证第三章提出的假说 1 和假说 2，即在中国乡—城迁移过程中，劳动力的迁移动机已经由单一的就业导向，向多种动机并存的方向发展；高人力资本水平的劳动力流动性更强，并倾向于向效用水平更高的城市迁移。这种效用水平的影响因素不仅包括收入，还包括生活、教育、娱乐等多个方面。

另外，考察劳动力的动机变化，就是从劳动力迁移的微观动机入手，梳理劳动力迁移动机的变化对其迁移行为的影响，进而影响城市人口规模增长的这一作用机制。

本章的安排如下：第一节是劳动力迁移动机变化假说提出的理论与现实依据，第二节是运用村庄入户调查数据验证这一假说，第三节是一个小结。

第一节　假说提出的依据

第三章提出的假说 1，即关于劳动力迁移动机转变的陈述，是本书分析的微观基础。虽然在第四章的统计描述部分已经有所涉及，但鉴于它在全书分析中的重量，这里有必要着重对这一假说提出的理论及现实背景做一个梳理。

一、劳动力无限供给背景下的迁移动机：就业导向

发展中国家在发展初期往往有大量农村剩余劳动力，通过城乡间迁移的形式实现最大程度的就业是迫切的需要，也是劳动力迁移的主要形式。二元经济发展理论针对发展中国家大量无技能劳动力（unskilled labour）隐性失业的状况，提出发展中国家劳动力无限供给的假设，指出劳动者从农村转移到城市工业部门就业，主要是受城乡间产业部门收入差异激励。不论是刘易斯的以生存工资为基准的绝对收入，还是托达罗的预期城乡收益，都是以就业为导向，或者以经济利益主导的迁移行为为主体。两者的区别在于，前者假定这些农村劳动力被城市部门充分吸收；后者则认为应重视城市部门存在的失业和再就业不足的问题，从而使用基于永久收入理论的预期概念，也就是说，农村劳动力迁移到城市现代部门需要与城市自身的低技能劳动力竞争，但能否实现顺利就业是一个概率问题（Lewis，1954；Todaro，1969）。

中国自改革开放后，随着经济快速发展，大量劳动力从农业、农村中解放出来，并转移到城市就业，也印证了这种推论。目前学者在对中国大规模的乡—城迁移劳动力的迁移意愿、动机及影响迁移的因素进行分析时，也主要是着眼于经济动机的研究，即获得更高的收入或者（预期）收益与迁移成本的权衡；所使用的劳动力迁移决策模型多基于托达罗（Todaro）的迁移行为模型（a behavioral model of rural-urban labor migration）；并从个体特征、迁入地和迁出地的拉力和推力的差异等方面来反映迁移行为的最终实现，但不会去考虑迁移劳动力除就业以外的其他偏好问题。如李建平和邓翔（2012）使用家庭作为迁移决策单位，但分析的结论是城乡收入差距仍是迁移的动因。丁守海（2006）的计量结果表明，收入是影响农村劳动力转移的主要因素。吴红宇（2008）也通过实证研究检验了农民收入与迁移动机之间的关系。蔡昉等（2012）深入分析了绝对收入差与相对收入差对农村劳动力迁移的双重推动作用。吕晨和孙威（2014）以东莞市为例，从迁入地的角度分析劳动力迁入的影响因素，并发现社会关系网络、就业岗位和收入水平这三种拉力发挥着集聚人口的作用，但作用力依次由强到弱。因此，该研究仍是在强调就业与工资收入的经济激励作用。陈丙欣和叶裕民（2013）利用“六普”数据进行总量分析，也指出务工经商是

人口流动的首要因素。

考虑到中国转轨经济的大背景，在需要解决温饱并进一步迈向小康的年代，这种以劳动力无限供给假设为前提的研究出发点似乎并不是问题，而且获取收入的就业经济动机也一直占据主导地位。即使到现在，就业、收入仍是影响人们迁移的一个十分重要的因素。当企业为劳动者提供集体职工宿舍，农村劳动力每年“候鸟式”迁移时，并不存在居住及生活选择的问题。我们也不否认经济激励因素形成以劳动年龄人口为主的迁移动机的主要来源的作用，但随着中国市场经济发展以及劳动力市场的逐步完善，这种迁移动机是否也在发生着转变？而这种转变对劳动人口在迁移过程中对于城市的选择又有怎样的影响？迁移动机的变化对于未来城镇化又可能产生怎样的影响呢？这些都是本书想要关注的问题。

二、时过境迁：劳动力迁移动机的转变

从理性个体的角度出发，其外出迁移就业的同时，总会希望能够找到合适的居住环境。若这种合理的需要因外力阻碍而无法实现，那么表现在实际行为上就是理性个体在不同的就业地之间频繁转换。理性个体在就业与居住动机影响下对住房租金与交通费用的权衡，在城市经济学的理论分析中是一种理所当然的合理假设前提。城市经济学经典的单中心城市增长模型，利用理性个体对租金和交通成本的权衡来达到城市的内部空间区位均衡，最终在使城市各处居住的个体效用均等时，或说城市租金与农业租金相等时的边界，确定了城市的内部空间布局与城市的增长边界。从这种理论推导中我们不难发现，个体的经济收益（我们可以假定是工资收入及禀赋的多少，这对这种分析的影响并不大）只会影响不同群体空间分配及个体需求束的配置结果；而这种行为的出发点在于，既能保证住房租金在可承受范围内，也确保了交通费用的可控性。可以认为，在个体经济收益既定的前提下，个体在城市不同空间迁移的动机，更倾向于是对居住舒适性与可承担性的权衡。经济学也将“效用”最大化作为理性人追求的目标，而这种效用是以各种不同数量的物品来衡量的，货币只是其中一种手段。

随着中国劳动力市场的发育，新的变化与趋势的出现必须引起学者们的关注，不能再片面地将劳动力迁移的动机理解为就业、高收入。最为重

要的是，中国农村劳动力无限供给的状况已经在发生改变，也就是所谓的“刘易斯拐点”在2004年到来。虽然对这一问题目前还存在争议（蔡昉，2008；蔡昉，2013；吴海民，2012；余宇新和张平，2012），但有一点是可以肯定的，中国农村乡—城迁移劳动者群体已经出现了较大的差异。目前国内以1980年为界，按出生年份将迁移劳动力区分为第一代劳动力（出生在1980年以前）和新生代劳动力（出生在1980年以后）。2012年的《中国流动人口发展报告》发现：2011年流动人口的平均年龄约为28岁，近一半的劳动年龄流动人口出生于1980年以后。这些新生代的流动人口不仅受教育程度比其父辈要高，而且更倾向于接受城市的生活方式，消费率也要高于老一代流动人口。全国吸纳流动人口较多的50个城市，集聚了60%的流动人口，而想要在城市落户的人中有一半是为了使子女获得更好的教育。多方调查也发现，子女教育和住房是影响流动人口在城镇稳定生活的主要因素（国家人口和计划生育委员会流动人口服务管理司，2012）。最新的统计数据也表明，43.8%的第二代农村外出务工人员不再依附于农村土地，他们对城市生活品质有更高的要求（国家卫生和计划生育委员会流动人口司，2014）。2010年深圳富士康发生多起员工跳楼事件，折射出新生代劳动者与传统经济增长模式的矛盾。通过这种极端的做法，新生代劳动者向社会抗议，认为工厂封闭化管理、人被标准化为机器零件是对他们丰富生活、情感需求的漠视。《南方都市报》特别报道组通过鲜活的故事展现出不同代迁移劳动者不一样的需求：老一代劳动者为生活所迫向外迁移，更多的是经济动机；而新一代劳动者徘徊在农村与城市之间的尴尬境地欲求突破。通过这些调查与报道不难发现，新生代的劳动者有着与上一代不一样的特点：受教育程度平均来看要高于第一代；他们外出并不完全是为了赚钱，也要享受生活；不会像父辈一样把钱统统寄回家，而是选择在当地消费；在找到好工作的同时，也为子女争取当地的教育资源使用权。也就是说，这些年经劳动者的迁移动机中，居住动机正逐步增强并显性化：生活便利，有丰富的教育、娱乐、休闲等服务，也是他们需求的重要内容。只是目前重重顾虑（主要是迁入目的地城市给他们设置的障碍）影响着他们居住动机的全面发展。

蔡昉（2013）认为，21世纪中国农村劳动力迁移决策的效用函数中应该包含一个更为广泛的城乡预期福利差距。即将工资、其他工作待遇、社会保障覆盖、劳动力市场制度保护，以及诸如子女义务教育和保障性住房等其他基本公共服务纳入效用函数。这一论断与本书的思路不谋而合。一些学者也针对哈里斯—托达罗的迁移决策模型（Harris-Todaro model）在适用于中国情况时的局限性进行了各种尝试性的修正。如肖文韬和孙细明（2013）、张东晓和于晓彤（2014）将生活成本纳入迁移决策行为模型中。但托达罗模型其实并没有忽略“成本”因素，只是在劳动力同质的假设前提下，劳动力迁移成本和区位选择表现为固定成本 C(0)，即只有初期的固定成本而可变成本为 0（Todaro，1969）。因此，国内一些所谓的托达罗模型中没有成本因素的论断是一种误解，不过这种“成本”的形式可以根据需要进行调整。焦克源等（2011）就针对新生代农业务工人员就业动机内容发生变化的情况对托达罗模型进行扩展，将非经济因素纳入。但该研究的分析仍局限于就业动机范畴，并没有进一步扩展，且没有同时进行实证分析。总体来看，国内目前的研究仍局限于就业动机范畴的讨论，对中国劳动力迁移动机变化的关注远远不够，更多的是在调查报告中对出现的新状况进行初步的总结和归纳，缺少更为全面深入的分析。

综合以上分析，本书认为，城市化的过程是劳动者由乡村迁移到城市成为市民的过程，伴随着经济、社会等多层面结构的根本性变化。随着中国劳动力市场的发育，劳动力无限供给的局面已经发生改变。因此，二元经济理论基于解决发展中国家无技能农村劳动力就业问题做出的一些假设前提不再适用于中国，也不能再仅以经济利益来分析劳动者迁移的动机。在使用这些理论时，需要根据现状做出适当的调整。法国的数据表明就业动机与居住动机同时影响劳动者的迁移，但对于不同生命周期的个体及来自不同区域（城市核心、城市边缘与农村）的个体影响不同（Detang-Dessendre 等，2002）。当然，其研究的是劳动力迁移，且主要是法国国内的乡—城迁移行为。但本书认为，以就业为主导的经济动机及以生活为导向的居住动机共同起作用的状况，在中国也应存在。

这里需要明确一下，本书中使用的“居住动机”是指行为主体在选择迁移目的地时，希望在找到合适就业机会的同时能够稳定下来，并在当地享受相应的生活、娱乐、教育等相关服务，这是一个较为综合的概念，也可以理解为更为多元化的动机组合。相比单一就业动机的经济激励倾向强调收入流最大化、变动频率高、未来预期不稳定等特征，居住动机更强调稳定性和长期性，是对个人未来生活预期的根本转变。

自计划经济时代延续下来的户籍制度抑制了中国包括乡—城迁移劳动

力在内的劳动力在迁移过程中迁移动机的全面、稳定发展：不允许迁移——有条件迁移但不鼓励居住——逐步放开限制。中国的农村劳动力，尤其是新生代的农业外出务工劳动者，正逐步表现出他们想要兼顾就业与居住的意愿与倾向。这种居住动机的存在，会影响到他们最终将选择哪个城市作为迁入目的地，进而影响城市人口规模的增长。当在大城市能够获得较好就业机会并同时享受到乡村所没有的各种生活、教育及娱乐服务设施时，理性的人会倾向于选择向大城市迁移，从而导致物理空间距离的作用减弱；同时，城市的居住成本（主要表现在住房租金方面）也会对他们的迁移意愿起到一定的抑制作用。在中国，户籍及与之相关的城市公共服务政策，以及目前一些大城市限制城市规模增长的一些政策也都会起到抑制迁移动机全面发展的作用：如不鼓励新的劳动者迁入或者仅愿意接受高人力资本水平的劳动者，城市公共服务只服务于户籍人口等。

总之，本书认为，中国乡—城迁移劳动力的迁移动机已经发生了变化，以就业为主的经济利益动机与以生活为导向的居住动机同时存在，并影响着劳动力的迁移行为，只是存在哪种动机占据主导作用的问题。为证实这种假设，表明进入 21 世纪后，中国迁移劳动力（主要是乡—城迁移）的迁移动机中就业动机与居住动机同时存在，这里仅以可得到的随机抽样数据做初步的实证检验。

第二节　实证分析

第一节对假说提出的依据做了详细说明后，本节将开始进行实证分析：首先，对使用的模型、数据分别做一个简单介绍；其次，通过对比分析利用两年的数据得出的实证结果，并以当前已有的一些研究结论作为佐证，来充分印证这一假说。

一、实证模型

本书的理论模型偏重于中宏观层面城市增长模式的分析，即在使用城市规模增长模型时并没有对劳动力的微观行为基础展开分析。为方便分析，模型实质上假定这些劳动力为同质个体，即年龄、人力资本水平、偏好等相同。但实际上，劳动力处于生命周期的不同阶段，其迁移动机存在一定的差异，需求也不同；人力资本水平的差异也会对其迁移意愿及动机产生影响。为全面反映劳动力的迁移动机对其迁移行为的影响，本书在理论模型中引入了劳动力迁移行为模型，使用效用比来表征迁入地与迁出地对劳动力的吸引与外推力量。阻力因素 ϕ 则反映包括空间距离成本、文化心理成本、生活成本、制度障碍等在内的减缓迁移行为的广义成本。

$$\dot{L}_{s,l} = \phi \sum_{j=1,2} \sum_{r=U,R} \ln\left(\frac{V_{s,i}}{V_{r,j}}\right) L_{r,j} + n_{s,i} L_{s,i}$$

而从微观个体来看，来自理性个体自身的一些因素以及其迁移动机在影响着迁移者是否做出迁移选择以及选择哪种类型的迁移（如近距离迁移还是远距离迁移），即

$g = f1(x_1, x_2, \cdots, x_n)$，（$g = 1$，迁移；$g = 0$，不迁移）

当 $g = 1$ 时，有

$y = f2(x_1', x_2', \cdots, x_n')$

中国不同地区的经济发展水平存在差异，导致就业机会的分布以及各地区城市的公共服务水平差异较大。这种现实决定了中国乡—城迁移现象不仅具有区域差异，也有城市层面的区别：东部地区经济发展水平较高，成为吸引迁移人口的重要区域；与中小城市相比，大城市不仅就业机会多，而且城市公共服务水平也相对完善，因此大城市的吸引力更强一些。为了反映这种地区的差异，本书使用 Probit 计量模型进行实证分析①。

Probit 模型为离散因变量模型，假设误差项服从标准正态分布。它假设有一个未被观察到的潜在变量，与自变量之间存在线性关系，以消除异方差问题。

可观测的因变量 y_i 的取值为 0、1、2、3、4，分别代表：0，在本村工作；1，工作地点为村外乡内；2，工作地点为乡外县内；3，工作地点为县外省内；4，在省外工作。其中第 3 类和第 4 类是本书研究的严格意义上的迁移，第 2 类则是一种近距离迁移行为。这里假设有一个潜在变量 y_i^*，则

$$y_i^* = x_i'\beta + u_i^* \qquad (5-1)$$

① 对模型的介绍参阅，高铁梅主编：《计量经济分析方法与建模》，清华大学出版社 2009 年版，第 7 章（离散因变量和受限因变量模型）。

式中，u_i^* 为随机扰动项；$x_i=(x_{1i}, x_{2i}, \cdots, x_{ki})'$，为第 i 个影响迁移选择的因素；$\beta=(\beta_1, \beta_2, \cdots, \beta_k)'$，为系数矩阵。$y_i$ 可以通过 y_i^* 按下式得到：

$$y_i=\begin{cases}0 & \text{如果} \quad y_i^* \leqslant c_1 \\ 1 & \text{如果} \quad c_1<y_i^* \leqslant c_2 \\ 2 & \text{如果} \quad c_2<y_i^* \leqslant c_3 \\ 3 & \text{如果} \quad c_3<y_i^* \leqslant c_4 \\ 4 & \text{如果} \quad c_4<y_i^* \leqslant c_5\end{cases} \tag{5-2}$$

设 u^* 的分布函数为 $F(x)$，可以得到如下概率

$$\begin{aligned} &P(y_i=0)=F(c_1-x_i'\beta) \\ &P(y_i=1)=F(c_2-x_i'\beta)-F(c_1-x_i'\beta) \\ &P(y_i=2)=F(c_3-x_i'\beta)-F(c_2-x_i'\beta) \\ &P(y_i=3)=F(c_4-x_i'\beta)-F(c_3-x_i'\beta) \\ &P(y_i=4)=1-F(c_4-x_i'\beta) \end{aligned} \tag{5-3}$$

进一步地，

$$\frac{\partial P(y_i=0)}{\partial x_i}=-f(c_1-x_i'\beta)\beta, \quad \frac{\partial P(y_i=4)}{\partial x_i}=f(c_4-x_i'\beta)\beta \tag{5-4}$$

式中，$f(x)$ 为 u^* 的密度函数。可见，$P(y_i=0)$ 的变动随 x_i 变动方向与 β 的符号相反；$P(y_i=4)$ 的变动随 x_i 变动方向与 β 的符号相同。中间取值概率的变动与 x_i 的关系则需具体分析。

二、数据说明

本书使用中国社会科学院农村发展经济研究所的村庄入户调查数据，数据反映的是从迁出地角度观察的影响因素。本书选取 2006 年和 2008 年两年的数据进行对比分析①（调查时间分别为 2007 年和 2009 年）。这两年的数据能够涵盖东、中、西三个区域，并且有 3 个属于相同省份不同村庄的样本点，分别包括 8 个和 7 个村庄的调查数据，按照高中低收入分组随机抽样。因此有一定的可比性。

本书的分析对象为劳动人口，在对数据进行处理的过程中，剔除掉在校学生、因病丧失劳动能力这两部分群体。另外，对于一些信息记录缺

① 2008 年的数据全部截止到当年 10 月，避免了受到金融危机影响的可能。

失的数据也予以剔除。其中，2006 年和 2008 年原始数据分别为 1440 条和 1520 条；有效数据分别为 933 条和 1070 条。这里将变量的选取及取值情况进行汇总，如表 5-1 所示。

表 5-1　变量选取及赋值汇总

变量	赋值	变量解释	影响方向
性别	男=1；女=0	反映不同性别群体差异	
教育程度（edu）	未上学=1；未上学会读写=2；小学=3；初中=4；高中（包括普高、职高和中专）=5；大专及以上=6	反映人力资本水平的个体差异	+
年龄（age）	数值	反映生命周期阶段性差异	–
婚姻状况（marry）	未婚=1；已婚且婚姻稳定=2；离婚、分居和丧偶=3	反映婚姻对个体迁移行为的影响	–
子女状况（child）	无子女=1；有子女无孙子女=2；有子女且有孙子女=3；子女已离开=4	反映子女对个体迁移的影响	–
与县城之间的距离（dist）（公里）	具体数值	反映闭塞程度，表征向外迁移必须承受的最短物理距离；也反映就近获得就业机会及生活服务的难易程度	–
村庄地理区域（loctin）	位于西部=1；位于中部=2；位于东部=3	反映空间差异	+
外出途径（ways）	在本村从事农业=0；在本村及村外乡内从事非农业=1；经亲友介绍从事乡外县内非农工作=2；经中介机构或政府社区介绍从事县内非农工作=3；依靠自己从事乡外县内非农工作=4；依靠自己从事县外非农工作=5	反映个体掌握信息的程度	+

本书将进行总体分析，并区分性别观察自变量对不同性别群体的影响差异。将以上自变量代入前文公式（5-1），得公式（5-5）：

$$y_i^* = \beta_1 \times age + \beta_2 \times edu + \beta_3 \times marry + \beta_4 \times child + \beta_5 \times dist + \beta_6 \times age \times loctin + \beta_7 \times ways + u_i^* \qquad (5-5)$$

由于缺乏外出务工年限信息，这里使用受教育程度来反映人力资本水平的个体差异。个体所在家庭在村中所处的收入组别信息不全，不过，鉴于缺失外出务工年限，这里的收入组别既可能是诱使迁移外出的因素，也可能是结果，因而舍去。加入 age × loctin 交叉项，目的在于观察随着时间的变化，不同区域的不同年龄群体迁移动机的变化。虽然西部地区就业机会有限，但其与东部就业机会的物理、心理距离较远，故只有具有强烈迁移动机及意愿的群体才会主动选择长途跋涉，到省外就业或居住。

可以预计，在以就业导向为主的时期，当距离的影响作用较大时，中青年群体，尤其是已婚且有子女的群体由于经济压力较大，外出的动力最强。随着信息通信技术的发展以及交通通达性的提高，距离的影响作用减弱，没有家庭约束的年轻人，以及想要为子女争取更好的教育等资源的已婚群体外出的动力最强，居住动机将同时起作用。另外，由于女性需要生育并养育子女，老年女性还需要帮助照顾家庭中的第三代，这会导致中青年及老年两个年龄段的女性群体的迁移概率降低。

三、实证结果

本书实证分析结果全部使用 Eviews 6.0 计量软件得出。

（一）基准结果

本书最大限度地利用 2006 年数据中可得的信息，从结果来看，与模型（1）相比，无论是总体结果，还是区分性别，模型（2）的模拟效果都更好，即模型（2）的准可决系数 R^2 值更高，AIC 和 SC 两个标准的值更低（如表 5-2 所示），因此以模型（2）的结果为准进行分析①。

表 5-2　2006 年数据：Probit 模型估计结果

变量	总体		男性（=1）		女性（=0）	
	（1）	（2）	（1）	（2）	（1）	（2）
age	-0.013028*	-0.029023*	-0.025292*	-0.039554*	-0.006213	-0.032945*
edu	0.253410*	0.258085*	0.112797***	0.120352	0.252425*	0.251700*
marry	-0.221909***	-0.217355***	-0.150085	-0.150034	-0.249578	-0.221380
child	-0.532113*	-0.527597*	-0.423724*	-0.415939*	-0.687507*	-0.692907*
dist	-0.015887*	-0.016069*	-0.015293*	-0.015484*	-0.019746*	-0.019915*
loctin	0.220905*		0.200820*		0.349978*	

① 模型中准可决系数值不高。由于本书数据信息不全，不能苛求计量模型有较高的模拟效果。但从反映本书的意图来看，还是可以得出一些有意义的结果的。

续表

变量	总体		男性（=1）		女性（=0）	
	（1）	（2）	（1）	（2）	（1）	（2）
age × loctin		0.006245*		0.005625*		0.010073*
sample	933	933	479	479	454	454
Pseudo R-squared	0.138289	0.140234	0.123823	0.125651	0.175505	0.178757
AIC	2.203395	2.198470	2.607761	2.602408	1.628950	1.622698
SC	2.255298	2.250373	2.694853	2.689499	1.719657	1.713405

注：* 为 0.01 的显著水平；** 为 0.05 的显著水平；*** 为 0.1 的显著水平。同时加入 loctin 变量和交叉项，模型模拟程度相比单独加入交叉项的模型有所下降，这里保留了加入交叉项的模型。

首先，总体分析结果与分性别的分析结果表现出一致性，并且系数方向与预期一致。年轻人相比年长者向县外甚至是省外远距离迁移的概率要高。因为年轻人对未来总的预期收入流要高于年长者，能够承担远距离迁移的货币成本。受教育程度越高的劳动者，人力资本水平相对也越高，因而他们获取和处理信息的能力以及应对和适应未知环境的能力越强，越有可能进行远距离迁移。婚姻和子女都对劳动者迁移形成一定的约束作用，尤其是生育子女后，要承担的家庭责任更多，更不容易远距离迁移。距离县城越远，其所处的村庄越为闭塞，不论是获取外界信息，还是从县城转乘各种交通工具到县外，都较为不易，这也会降低劳动者远距离迁移的概率。

其次，各种因素对不同性别群体的影响存在一定的差异。分性别来看，可以发现，婚姻对男性和女性劳动者的约束作用变得不再显著，但子女对女性远距离迁移的抑制作用要强于男性，原因在于女性往往承担着养育及照顾子女的责任，这反映出男性和女性在家庭中的传统分工角色差异。受教育程度反映的人力资本水平对男性的影响不再显著。对此，可能的解释是，男性往往在迁移外出者中占据较大比例，他们外出工作的经验积累可能对他们的影响更大，因此，只使用教育变量就显得较为薄弱。但教育对女性的影响仍然显著。

另外，年龄这一变量对男性和女性劳动者的抑制作用相差无几，其他各因素都明显表现出对女性的影响程度更大。

最后，年龄和区域的交叉项与迁移区位的距离同向变化。由于模型对三个区域中的中部和东部区域赋值更高，比较两个不同区域的劳动者时可以发现在其他条件相同时，与中部地区相比，西部地区的劳动者中，中年人更容易远距离迁移；而在其他条件不变的情况下，与东部地区相比，中部地区迁移劳动者的平均年龄也相对要高。这表明，中西部地区由于信息相对闭塞、与东部经济发达地区距离较远，只有那些积累了一定的外出经验、家庭经济负担随着婚育行为变得更重的劳动者，外出寻求更高收入就业机会的动力才会更强，这样中年人相比年轻人就更可能到县外或省外工作。处于东部地区的劳动者相比中西部地区的劳动者在物理和心理距离方面占有一定优势。

对于这一点，结合现实来理解就不难发现：2006 年调研时，这批中西部地区外出迁移劳动者，大多拥有多年的外出务工经验且正好步入中年阶段，这与分析结果相符。另外，2006 年，中国总体的大环境对农村外出务工劳动者并不是很友好，表现为多年工资水平增长缓慢、落户难等问题，这些都困扰着人们的迁移行为。因此，在这段时期以及之前的一段时期，乡—城迁移主要还是表现为就业为主的经济动机占支配地位。对比 2008 年的数据就可以发现，随着国内整体劳动力市场的发育，交通通达性的改善，一些结构性“缺工”现象出现，劳动者务工的待遇条件得到了一定的改善，加上年轻一代的劳动者逐步成长，他们能够利用多种新兴的信息通信手段，在获取更多信息的同时，降低远距离迁移的心理距离。这些远距离迁移劳动者的迁移动机除了包括就业动机以外还包括居住动机，即希望能够在城市生活和发展，并且这种居住动机会随着时间推移变得更为明显。

（二）趋势变化

2008 年的数据比 2006 年的数据多一条“外出途径”信息，这在一定程度上可以减轻受教育程度对个体人力资本水平代表性差异的问题。从表 5-3 也可以看出，在加入“外出途径”（ways）这一变量后，模型的拟合程度大幅提高。因此，以下分析以模型（2）为准。

表 5-3　2008 年数据：Probit 模型估计结果

变量	总体		男性（=1）		女性（=0）	
	（1）	（2）	（1）	（2）	（1）	（2）
age	−0.032548*	−0.035933*	−0.037329*	−0.036945*	−0.058338*	−0.050423*

续表

变量	总体		男性（=1）		女性（=0）	
	（1）	（2）	（1）	（2）	（1）	（2）
edu	0.189605*	0.075561***	0.127196**	0.064834	0.081135	0.007648
marry	−0.551148*	−0.207397	−0.396249**	−0.136214	−0.788757*	−0.314073
child	−0.214160**	−0.066980	−0.162479	−0.069376	−0.149190	−0.015996
dist	−0.002381	−0.001196	−0.000706	−0.000597	−0.001154	−0.000407
age × loctin	0.001315	0.003354**	0.000362	0.003030***	0.006815*	0.005573**
ways		0.680467*		0.655917*		0.669609*
sample	1070	1070	545	545	525	525
Pseudo R-squared	0.157654	0.359289	0.138762	0.325920	0.212666	0.394557
AIC	2.084810	1.592105	2.448094	1.927735	1.578886	1.226740
SC	2.131309	1.643254	2.527007	2.014540	1.660093	1.316068

注：* 为 0.01 的显著水平；** 为 0.05 的显著水平；*** 为 0.1 的显著水平。对 loctin 因素的处理同上。

首先，年轻人仍然比年长者更容易远距离迁移，且在女性中表现更为明显。

其次，教育因素不再显著，表明对人力资本水平而言，受教育程度不是一个好的代理变量。外出途径则在 0.01 的置信水平上显著。这不仅表明劳动者获取信息的途径更为多样，也在一定程度上反映出劳动者阅历的增长及利用各种信息通信手段的增强。尤其是对于年轻人而言，他们更容易使用各种信息技术手段获取就业信息，也可以通过各种通信手段时时与家人联系或进行虚拟社交，从而大大减轻他们迁移外出的心理距离和文化距离。

再次，婚姻和子女两个因素，无论是在总体分析还是区分性别分析中，都不再显著。本书在数据处理中也发现：一方面，出现了一些家庭举家迁移外出工作的现象；另一方面，大量年长的父母辈群体帮助照顾家庭中的第三代子女，也使年轻的夫妻可以同时迁移外出。不过，第一类家庭已经基本上不再在原来的村庄生活，其就业与居住已经在迁出地同步实现；而第二类家庭则形成大量的留守儿童与老人，亲情割断，会对这些迁移外出劳动者的居住动机及意愿真正转化为实际行为产生影响。

复次，物理距离这一因素的影响不再显著。这既可归功于中国近年来全国交通通达性的提高，也可以反映出信息通信技术降低了加诸于物理距离之上的心理和文化距离的作用。

最后，年龄与区域交叉项的作用程度相比 2006 年有所下降，但仍在 0.05 和 0.1 的置信水平上显著。这表明，即使处于同一区域，由于交通通信技术的发展，年轻人也可以远距离迁移外出；并且这些年轻人更容易掌握现代信息通信技术，从而突破距离的阻碍，追求更为丰富多彩的城市生活。

（三）进一步印证

2006 年至 2008 年的时间间隔较短，利用这两年数据得到的实证结果虽然反映出劳动者迁移动机的一些变化，但还需要利用最新的数据做进一步分析。由于笔者得到的数据中，2008 年以后年份的数据存在着样本量偏小、区域代表性不足的问题，无法拿来做计量分析。但从最新的数据中仍可以发现一些统计上的亮点，来印证本书的分析。这里仅以 2010 年 4 个村庄样本点的数据进行说明。

比对 2010 年四个村庄（地处中西部地区）的数据可以发现：不仅出现了一些家庭中子女或孙子女就学所在地与父母就业所在地（主要是东部省份）一致的现象，而且一些家庭中的年轻子女就业信息不详，出现了大量的独户、户主与配偶两个人或年老的夫妻与年迈的父母在村中居住的情况。这表明，中西部地区不仅年轻人大量外出，一些年轻的已婚夫妇也开始带着子女在迁入地生活并使用当地的教育等公共服务资源。这四个村庄中有一个地处四川省。四川省借助西部大开发优惠政策大力发展经济，并且近年来一直倡导外出务工人员返乡创业。数据也反映出，仅有三男一女在省外工作，绝大多数劳动力在省内就近迁移。当然我们可以理解为，当不同区位的就业机会相当时，劳动者更愿意选择较近距离的区位，因为距离仍是影响迁移的一个重要因素。但这种独户和年轻人就业信息不详的情况恰恰在四川的样本点中表现最为突出。我们不得不考虑这种可能，虽然中西部地区的一些城市就业机会逐步增多，但对于迁移外出的劳动者而言，他们不仅在追求就业机会，其追求生活、教育和休闲的居住动机也在起作用，因此在这两种动机影响下，年轻的未婚劳动者及已婚劳动者选择远距离迁移，“用脚投票”表明自己的需求倾向绝不止于家门口的企业所提供的就业岗位。

其实，2011 年出版的《人口与劳动绿皮书》（2011）中就已经提到：近年来，省外就业劳动力月平均收入已经低于省内甚至县内就业的劳动力，但远距离迁移到省外就业的劳动力数量仍出现了较大的增长。省外就业稳定性较强固然是一个重要原因，但更为重要的是农村外出务工劳动者尤其是新生代劳动者的就业观念发生了变化。越来越多的农村劳动力已不再单纯追求收入增长，而是要追求更为全面的自身发展，就业不再是唯一的目标。上文提到的《中国流动人口发展报告2012》以及《南方都市报》特别报道组的新闻故事，以及国家统计局发布的《农民工监测调查报告》都有关于新生代农民工的论述，可以发现，新生代农村劳动力有鲜明的群体性特征，他们外出迁移的动机在逐步改变，就业与生活动机并存的倾向逐渐明晰。笔者2012年去广东、湖北的四个城市调研时也发现：由于2008年金融危机的影响以及东部沿海土地和劳动力成本上升，一些产业开始向中西部地区转移。如湖北钟祥就有汇源企业入驻，这也带动了当地的就业，一些人不需要再长距离外出，满足了亲情的需要。然而，这个企业里所有员工的平均年龄在29.5岁左右，生产车间部门员工的最大年龄为45岁，且一线操作员工中30岁及以上人员占到近40%。访谈过程中，有代表性的一户家庭，一对老夫妇有两个儿子，大儿子结婚后就与妻子在县城里的企业上班，不再外出，两人育有一子，现由该老年夫妇照顾。小儿子则不愿意在较近的企业上班，而是更愿意去浙江、广东等地。因为在这些较早发展的地区，生活服务设施相对更为完善，年轻人喜欢的一些娱乐场所如KTV、网吧等较多，生活更丰富；且更能开阔眼界，提升个人的机会也更多。近年来，一些大城市采取多种措施来控制城市人口规模的增长，但往往失效；国内这些大城市不仅有更多的就业机会，而且有完善的生活服务设施，这也是不可忽略的。以北京为例，北京吸引并集中了全国大量高素质的劳动者进入。有家庭的个体还想取得北京户籍，为的是便于子女接受教育。所以，想要真正让这些大城市不出现畸形发展，除了产业转移、升级以外，还需要逐步减少这些城市与周边城市在公共服务等各方面的差异。

第三节　小结

由于两年的时间间隔较短，本书的实证部分对劳动者迁移动机变化趋势的把握还是较弱的。这是因为，观察到的数据以已婚群体为主，一些已经走出校门的年轻人外出信息不详不得不舍弃。总体上，数据更偏重于反映未婚年轻群体向东部地区城市迁移同时受就业动机及居住动机影响的变化。已婚并生育子女的中青年群体主要考虑的是子女受教育的问题，但由于缺乏迁出地的相关数据，这里无法反映这一群体的这种动机；不过，在对数据的处理中仍可以发现这种动机。另外，分析结果反映出婚姻和子女因素对不同性别群体行为的差异化作用：女性更易受子女因素的影响而选择在家中照顾子女，而子女因素对男性则是一种正向激励因素，使他们更容易选择外出，这仍是一种以收入为导向的就业动机的表现。另外，中国居民安土重迁，往往在外出务工多年后回到老家养老，而且这些老年群体还发挥着照顾孙子女辈以方便子女迁移外出的作用，这又反映出中国乡—城迁移群体在生命周期的不同阶段迁移动机的变化。

本书之所以特别关注“就业动机”与“居住动机”，是因为本书研究的主要对象为乡—城劳动力迁移以及在进入 21 世纪后迁移逐步由老一代劳动力“候鸟式”迁移，到新生代劳动力期望在城市安家落户的意愿的变化。本书认为，劳动力迁移动机由以就业为导向向兼顾就业与居住动机转变更符合人之常情。劳动人口从农村迁移到城市，目的不仅仅在于就业机会多少、收入多少，接纳他们的城市还要考虑到他们的消费、需求、生活、成长、个人发展、家庭等各方面。劳动者在迁移过程中存在不同的需求，而不同区域、不同城市能够提供给他们的商品、服务、发展环境等也各有不同，这种双向选择过程会影响到城市的规模增长，进而也会影响到中国不同规模城市的结构变化。由于中国目前不同区域城市发展水平差异较大，不同行政等级城市间的差异也很大，这种差异不仅表现在经济发展水平的高低、就业机会的多少等方面，也反映在城市的公共服务水平及能力存在较大的梯度方面。因此，在这种差距较大的现实背景下，地区差异很大程度上会影响劳动者的迁移选择，从而形成劳动者向某些区域城市的集中迁移。假如结论真的支持这种推论，那么中国城市在发展过程中，尤其是一些落后城市，就不应仅仅关注产业转移、就业创造，还要关注劳动者自身的一些生活和自我发展方面的需求，重视城市公共服务供给及相关软环境的改善。要想真正实现劳动人口的有序流动，就不得不关注并重视劳动者自身迁移动机的变化，他们不仅需要就业机会，也需要在迁入城市居住生活的权利。中国城市发展的相关政策应适时进行调整，只有重视迁移劳动者迁移动机的变化，关注他们经济利益的同时尊重并重视他们生活、居住和发展的意愿与权利，让他们能够形成稳定的城市就业和居住动机，才能使城市发展及城市规划的相关政策有坚实的立足点和正确的方向；最终使迁移劳动者顺利融入城市，并实现城市人口规模的有序、稳步增长。

数据的缺乏导致在解读本书的一些结论时可能需要更为谨慎。但本书对总体趋势的判断仍可以得到相关数据的证实。想要进一步了解中国劳动者迁移动机的变化，需要更大样本的数据支持，对乡—城、城—城甚至是城—乡迁移人口进行系统分析，才能更好地把握中国包括乡—城迁移劳动力在内的劳动力迁移动机的变化。值得注意的是，中国城—城劳动人口迁移近年来增长较快。2009 年国家人口计生委在 5 个城市（北京、上海、深圳、太原、成都）开展流动人口动态监测调查时发现，城—城流动人口占流动人口的比例为 16.9%，2010 年下半年对上述 5 城市再次监测，结果表明，城—城流动人口的比例上升至 18.0%。并且，2010 年下半年监测的 106 个城市中，有 30 个城市的城—城流动人口占比超过 15%，17 个城市的城—城流动人口占比超过 20%。而从城—城流动人口的来源地分布来看，超过 2/3 来自中小城镇，仅有 17.5%来自省会城市及直辖市。城—城迁移劳动力对迁入地政府提供的各项服务，尤其是子女就学、社会保险、看病就医等方面的不满意程度显著于乡—城迁移人口①。这类迁移劳动人口的人力资本水平相对较高，维权意识更强，他们追求更高质量的城市公共服务及生活环境服务。

总之，本书由于数据有限，不能很好地验证第一节提出的假说，不得不使用一些统计数据和相关研究作为补充。下一章将从迁入地的角度，在城市中宏观层面进行迁移劳动者的总量分析，以进一步印证本章的分析。

① 相关数据引自《2011 年中国流动人口发展报告》第 49~55 页。

第六章 城市对劳动人口迁移的吸引力分析

本书第四章利用“六普”数据进行的分析表明，中国500万人以上的特大城市集聚了全国60%以上的迁移人口。而从城市绝对规模与相对规模的相关分析中也可以发现，在中国城市发展过程中存在着一系列的不协调问题，如一些特大城市公共服务等方面的优势不断吸引人口迁入，一些城市的人口规模与其资源环境承载力不匹配，一些城市的公共服务配套能力不足以形成其对人口的集聚能力，还有一些城市存在着对资源环境的粗放利用，等等，这些都是城市的相对规模增长与绝对人口规模增长不协调的表现。本章将继续从城市人口规模的角度来分析，城市的哪些因素对迁移人口形成吸引力及反吸引力，进而影响中国城市人口规模增长以及城市规模的协调增长。

本书的第五章利用迁出地数据，从劳动力迁移的微观动机角度入手，表明中国劳动力迁移动机近年来已经出现明显的变化。劳动力迁移动机的这种变化，在其迁移行为上必然有一定的表现：对城市的选择偏向。这又会进一步影响中国城市规模增长的结构及体系变化。本章将从迁入地的角度入手，使用地级市数据，分析形成城市对劳动力迁移吸引力的影响因素，并从宏观总量数据上进一步印证第三章理论模型中提出的假说1、推论1和假说3，即劳动力迁移的动机不仅限于就业为主的经济动机，而且表现为就业与居住动机并存；城市间经济社会发展差异会形成对迁移劳动力的差异化吸引力；高人力资本水平的劳动力在城市的集聚将会对低人力资本水平的劳动力形成一种吸引，但反过来，大量低人力资本水平的劳动力的集聚则有可能增加高人力资本水平的劳动力迁出的概率。同时，本书在印证以上假说的基础上来理解中国城市人口规模增长的内在机理，以及这种机理对中国城市规模增长的影响。

以往学者对劳动力迁移影响因素的分析侧重于经济增长方面的“拉

力”，或同时考虑迁出地的“推力”和迁入地的“吸引力”，如朱传耿等（2001）、庞丽华（2001）、任吉（2013）、易苗和周申（2011）、李建平和邓翔（2012），等等，但仍主要还是侧重于经济单一层面的分析。从第四章的统计描述中可以发现，迁移劳动力对目的地进行选择时，不仅会考虑就业机会和收入，还会考虑其他一些因素，如已婚家庭会考虑享受当地的教育资源、医疗资源；而年轻人则可能希望当地有一些娱乐活动以及提升自身能力的职业培训等。因此，本书将综合考虑经济发展、社会公共服务、生活环境等因素，从多重角度反映城市的吸引力如何影响劳动力对城市的迁移选择，进而影响不同规模城市人口规模增长的结构变化。

第一节　研究方法介绍

本节主要是对书中使用的模型方法做一个简单介绍。由第四章对现状的统计描述可以发现，中国劳动力迁移在城市的分布上存在着空间集聚倾向，即存在着一定的空间自相关问题。假如真的存在空间自相关问题，利用传统的计量方法进行分析将会存在一定的偏差。这里考虑很有可能需要使用空间计量方法。

一、基本模型

综合以上分析，本书认为，劳动力向城市的迁移，即对城市区位的选择，受多种因素影响，如城市的经济发展水平、就业机会、公共服务水平、生活环境等。而当城市在经济发展、公共服务供给水平、社会发展等方面存在差距时，这些城市对迁移劳动力的吸引力是不同的。遗憾的是，受制于有限的数据，这里不考虑时间滞后性问题，即仅考虑当期因素的影响。

笔者在前文的分析中已经指出，一个城市人口规模的增长主要取决于迁移人口增长及人口自然增长，即

$$\dot{L}_{s,l} = \phi \sum_{j=1,2} \sum_{r=U,R} \ln\left(\frac{V_{s,i}}{V_{r,j}}\right) L_{r,j} + n_{s,i} L_{s,i}$$

其中，在不考虑人口自然增长的前提下，$\frac{V_{s,i}}{V_{r,j}}$中包括多方面的因素，反映一城市对迁移人口的吸引力与反吸引力。为进一步展开实证分析，本书使用城市的迁移人口规模衡量一个城市对迁移劳动力的吸引力，将基本模型表现为

$$y = X\beta + \xi$$
$$\xi \sim N(0, \sigma^2 I_n) \tag{6-1}$$

其中，y 是一个 n × 1 维向量，代表一个城市的迁移人口规模，外生解释变量 X(n × k) 表征各种吸引力及反吸引力要素，β(k × 1) 是与外生解释变量相关的参数向量，ξ 代表服从正态分布的随机干扰项。

二、空间计量模型

空间计量经济学区别于传统计量经济学的重要特征之一，是空间计量经济学引入了空间权重矩阵。自从 20 世纪 70 年代一些欧洲学者开始进行空间计量经济研究以来，空间计量经济学已经成为空间经济学及其相关学科的重要学科基础，成为计量经济学学科的一个新兴分支。空间计量方法的应用，使一些对原有经济问题的研究更为深入，因为空间计量方法不仅能够考虑到时间的滞后及累积效应，还可以同时兼顾空间区位间的相互关系。如 Anselin 等（1997）就利用空间计量方法分析美国国家及大都市统计区范围的局部空间溢出效应，指出大学研究与高科技创新活动之间是存在局部外部性的。Rey 和 Montouri（1999）利用空间计量模型对地区经济发展（或收入）收敛问题（或说差距问题）进行研究，得出美国地区间经济增长收敛的结论。中国学者林光平等（2005）同样使用空间计量方法对中国 1978~2002 年地区经济收敛问题进行研究，发现存在着收敛的趋势，只是近年来收敛的速度在减慢。Ledyaeva（2009）利用空间计量方法对 FDI 在俄罗斯地区投资的影响因素进行分析。另外，从使用数据的情况来看，可以笼统地将空间模型分为截面空间模型和面板空间模型，而考虑到时间因素后，又会出现静态与动态的差异。如李靖、谭清美和白俊红（2010）就同时使用静态与动态面板空间模型对中国区域创新生产活动的空间相关性进行分析。

这里要介绍一下空间权重问题。考虑到本书所使用的数据为截面数

据，这里只简单介绍两种主要的空间混合线性模型，空间滞后模型和空间误差模型[①]。

（一）空间权重和空间滞后

空间计量的产生是出于对空间依赖性及空间异质性问题的考虑。在进行空间计量分析前要做的是量化样本数据的区位因素。可以通过经纬坐标和相邻性两种方法衡量空间中的区位。空间依赖性服从区域经济学中的基本理论，即相距更近的观测数据之间应比相距更远的数据之间有更强的依赖性。也就是说，互为相邻的数据集之间往往会有更强的相关性。

1. 空间权重设定方法

定义空间权重，首先要对空间单元的位置进行量化。对位置的量化一般依据“距离”而定。距离的设定必须满足有意义、有限性和非负性原则。最常用的距离有空间距离和经济距离。王守坤（2013）则进一步将其细化，总结出邻接矩阵、反距离矩阵、经济特征矩阵以及嵌套矩阵等主要空间权重形式。

其中，空间距离的设定方式主要有相邻距离、有限距离和负指数距离等。

相邻距离是一种最常用的空间距离。这种方法是通过空间中的相对位置定义相邻的，并用“0-1”表示，即“1”代表空间单元相邻，“0”代表空间单元不相邻。一个具有 n 个空间单元的系统，相邻矩阵 W 是一个 $n \times n$ 稀疏的 0-1 矩阵，对角线元素为 0，相邻元素为 1[②]。主要包括：①线性相邻（linear contiguity），即两区域在左侧或右侧有共同的边；②“车”相邻（rook contiguity），即两区域有共同的边，包括左右和上下；③“象”相邻（bishop contiguity），若两区域有共同的顶点但没有共同的边，则称为“象”相邻；④“后”相邻（queen contiguity），若两区域有共同的顶点或共同的边，则这两个区域就可称为“后”相邻。

有限距离由 Pace 提出，即以距离阈值定义空间权重，在阈值范围内定义为 1，在阈值范围外定义为 0。令 d_{ij} 表示两个区域（不一定相邻）之间的欧氏距离，d_{mzx} 表示最大空间距离，对于区域 i，若 $d_{ij} \leq d_{mzx}$，则 $W_{ij} = 1$，

① 对空间计量模型的介绍主要参考沈体雁、冯等田和孙铁山编著的《空间计量经济学》及 Anselin（2005）的 Exploring spatial data with GeoDa：a workbook。

② 习惯上，空间单元不与自身相邻。

否则为0。

Anselin提出了负指数距离，具体设定为 $W_{ij}=\exp(-\beta d_{ij})$，$d_{ij}$ 同样表示两个区域（不一定相邻）间的欧氏距离，β为预先设定的参数。

还有其他一些方法，如以距离倒数为权重或以距离平方的倒数为权重等。目前，在GeoDa 1.6中可以选择的空间距离矩阵主要有三类：contiguity weight，distance weight，k-nearest neighbors。其中，邻接权重又包括rook contiguity，queen contiguity两种选择，并且可以调整阶数、保留低阶权重。说到高阶权重，空间经济计量模型中的“相邻之相邻”（包括一阶邻近和二阶邻近）可以反映空间扩散的进程，即随着时间的推移，起初对相邻区域存在的影响会进一步扩散到更多的区域。不断传播的影响可被视为从相邻地区不断向外扩散的过程。但高阶矩阵存在着冗余的问题，需要合理控制对最终阶数的选择。

由于空间距离矩阵过于简单，不能完全体现出各地区间经济上的相互影响，一些学者提出了经济距离，如林光平等（2005）对中国区域经济收敛性的研究中，加入了地区间实际人均收入差的倒数。李靖、谭清美和白俊红（2010）对中国区域创新生产的空间计量分析中，发现社会经济特征权重对空间相关性的影响要大于地理区位特征的影响。但总体来看，对经济权重的设定方法，主要是在空间权重的基础上乘以一个经济权重进行调整。对经济权重的设定，具体来说，可以根据两区域间的收入差距、贸易额等流量、距离衰减函数或空间网络结构等多种原则。

经济权重也存在一定的问题，因为经济距离有可能为零，如两个区域间的收入差有可能为零。另外，经济权重不同于地理权重矩阵的一个重要区别在于，空间单元的经济属性是动态变化的，如各地区间的经济发展速度存在着不均衡的问题，为此，Lee和Yu研究具有时变特征的空间面板权重矩阵及相应的空间模型估计方法，他们指出，当权重矩阵随时间产生较大变化时，再设置不变的空间权重矩阵将导致较大的估计偏差（转引自王守坤（2013））。

最终的权重形式应根据研究需要，尽量采用多种方法来确定，以使其更为客观（王守坤，2013）。

2. 空间滞后

空间滞后是一个与时间滞后相似的概念，区别在于：时间维度分析中形成的滞后算子表示时间上的滞后，而空间滞后算子意味着空间上的推移。假定 W 为标准化后的矩阵，令其乘以空间相关变量组成的向量 y，对变量 y 加权平均得到新的向量 $y^* = W \cdot y$，或写成 W_y，即空间滞后算子。

（二）空间线性模型

Anselin 给出了空间计量经济分析的空间线性模型的通用形式。通过对通用模型的参数进行限制，可以导出特定的模型。空间线性模型的通用形式可表示为

$$
\begin{aligned}
&y = \rho W_{1y} + X\beta + \xi \\
&\xi = \lambda W_{2\xi} + \varepsilon \\
&\varepsilon \sim N(0,\ \sigma^2 I_n)
\end{aligned}
\tag{6-2}
$$

其中，W_1 和 W_2 是 $n \times n$ 维空间权重矩阵，分别与因变量的空间自回归过程和干扰项 ε 的空间自回归过程相关，通常表示一种一阶的空间邻近关系或者距离函数，可以是已标准化的矩阵，也可以是二元矩阵或其他非标准化矩阵。当 $\beta = 0$ 和 $W_2 = 0$ 时，得到了一阶空间自回归：

$$
\begin{aligned}
&y = \rho W_{1y} + \xi \\
&\xi \sim N(0,\ \sigma^2 I_n)
\end{aligned}
\tag{6-3}
$$

纯空间自回归模型可以看作回归模型的一个特例。解释变量是一个空间滞后项，并通过空间滞后（空间自回归项）来分析空间影响的存在对回归系数的估计和检验产生的影响。但与经典回归模型或时间序列模型不同的是，误差项 ξ 与解释变量 W_{1y} 相关，导致 OLS 估计结果有偏，因而空间计量模型对参数 ρ 的估计主要基于最大似然估计。

本书的分析要考虑多种外生变量的影响，这里主要介绍当参数 W_1、W_2 变化时，形成的两种主要的空间（混合）线性模型：当 $W_{2\xi} = 0$ 时，表现为空间自回归模型（spatial autoregiressive model，SAR）；当 $W_{1y} = 0$ 时，表现为空间误差模型（spatial error model，SEM）。当 W_{1y} 和 $W_{2\xi}$ 均不等于 0 时，为广义空间模型（spatial qutocorrelaiton，SAC），但该模型不常用。

具体来说，空间滞后模型通过引入变量的空间滞后形式，将一个空间位置上的变化与周边邻居位置上的变量联系在一起，这在一定程度上解释了由于空间扩散、空间溢出等相互作用造成的空间依赖；而空间误差模型通过将误差项设定为某种空间过程（如空间自回归）的形式，能够将由测量误差等原因造成的冗余空间依赖加以显式表达。但在选择具体模型时要根据相关的指标来判断。

空间滞后模型与空间误差模型是空间计量的两种主要方法，由于本书

使用的数据为截面数据，这里只对这两种基本方法重点介绍。在后期的发展中又出现了很多的扩展模块，如贝叶斯回归模型、微量自回归和误差修正模型、地理加权回归模型以及考虑空间单元时变特征的动态面板模型等。如 Oliver 和 Lesage（2008）利用贝叶斯模型（a Bayesian hierarchical model）分析知识的溢出效应。中国学者吕萍和甄辉使用地理加权模型（GWR）对北京市住宅用地价格的影响因素及空间规律进行研究；李靖、谭清美和白俊红（2010）分别利用静态与动态空间面板模型对中国的区域创新生产进行实证研究，考虑 1998~2007 年 30 个省级区域创新的空间相关与集聚，并认为中国区域创新存在着显著的正向空间相关性，并在东部及沿海地区形成了创新活动的密集带。对具体模型的进一步了解，可以参阅相关文献。

第二节　实证分析

本节对使用的数据、变量做一个简单介绍，并对实证模型得出的结果一一进行分析。

一、数据来源及变量定义

（一）数据来源

本书所研究的城市为经济意义上的城市，故使用市辖区的概念；所分析的人口为总人口，即常住人口。本书主要利用《中国 2010 人口普查分县资料》及《中国城市年鉴》（2011）的数据，全国人口普查数据为时点数据，而《中国城市年鉴》（2011）的数据为期末数据，两者之间会存在一些出入，使最终的分析结果存在一些小的误差，但从本书研究的目的来看，影响不大。这里将使用《中国 2010 人口普查分县资料》中的总人口与迁入人口的数据，再运用《中国城市年鉴》（2011）找到相应的市辖区的变量。

因为缺乏县级市层面的数据，而且地级市与县级市人口口径并不一致，所以这里只考虑地级市。由于迁移到地级及以上城市的劳动力占全国向城市迁移劳动力规模的 80%以上，在不考虑县级市的前提下，总体结果应该不会受到太大的影响。中国 2010 年共 287 个地级及以上城市，其中拉萨没有相关数据，故将其舍去，实际使用 286 个地级及以上城市的数据，不包括港澳台和南沙地区。

（二）变量定义

第三章的理论模型表明，在不考虑城市自身人口自然增长的前提下，城市人口规模增长将主要受迁移人口影响。而迁移者的迁移动机或者说迁移的目的在于个人效用水平的提升。

$$\dot{L}_{s,l} = \phi \sum_{j=1,2} \sum_{r=U,R} \ln\left(\frac{V_{s,i}}{V_{r,j}}\right) L_{r,j}$$

本书将主要考虑每个城市的迁移劳动力人口规模，验证因素包括就业机会、产业构成、目的地人口人力资本结构、生活便利性、生活环境等。另外，本书将控制住一些外生因素的影响（如行政级别）并使用虚拟变量，以综合分析哪些因素在城市人口集聚方面起到更大的作用。这里将不仅考虑产业集聚效应对人口的吸聚，还考虑在 21 世纪的条件下，人们生活质量提升以及个人发展等方面的需求。

与第五章从微观层面考察迁移劳动力迁移动机的变化不同，本章侧重于宏观"吸引力"的分析。具体选择哪种空间计量模型将根据相关的指标判断。对变量的选取如表 6-1 所示。

表 6-1　变量选取汇总

变量	代理变量	预期符号	意义
城市对迁移劳动力的吸引力	第 i 个城市迁入人口规模（imgrin）		被解释变量
就业相关	地区生产总值（当年价格万元）（grp）	+	经济发展水平越高，相应地就业机会越多
	职工年平均工资：元（salary）	+	收入水平越高，越有吸引力
	第二产业产值占比（secnd_r）	+	反映就业机会与就业结构
	第三产业产值占比（tertry_r）	+	
城市人力资本结构	本科及以上学历占总人口的比例（Humn_stru）/本科及以上学历占总人口的比例平方项（humcapl）	+	一定程度上是与城市的产业发展相适应的。人力资本水平较高的劳动力多在一个城市中从事管理类职位。城市人力资本水平较高，不仅意味着低人力资本水平劳动力的就业机会多，而且高人力资本水平劳动力本身也会提升劳动者的生活品质及工作环境

续表

变量	代理变量	预期符号	意义
生活便利程度	内部交通：每万人拥有公共汽车（辆）(comun)	+	城市内部交通便利程度，城市对外交通通达性以及城市的通信或说信息化发展水平，会成为缩短空间与心理距离的重要推动力量
	对外交通：客运总量（万人）(全市）(transit)	+	
	通信发展程度：移动用户占全部地级及以上城市比例(comuty)	+	
公共服务	教育资源：中学师生比，即每万名中学生教师数（edu）	+	教育、医疗与日常文化娱乐是与人们日常生活较为密切的公共服务内容。如果能够在迁入地很方便地享受这些服务，该迁入地将会吸引劳动力的迁入
	医疗服务：平方公里医院个数（medcle）	+	
	文化娱乐：剧场、影剧院个数（entertain）	+	
生活环境	建成区绿地覆盖率（afforest）	+	城市环境是否良好，会影响到人们的日常生活与经济活动
	生活污水处理率（swg_trt）	+	
外生变量	城市行政级别（admi_lel）： 直辖市=5 副省级省会城市=4 副省级非省会城市=3 非副省级省会城市=2 一般地级市=1	+	行政等级越高的城市，配置资源的能力越强，相对在经济发展、公共服务建设等方面也越有优势

本章使用城市迁入人口规模作为被解释变量，反映城市对劳动力迁移的吸引力差异。从各地级市的数据来看，差异十分明显。解释变量共有 6 类。

1. 与就业相关，共三组变量

城市地区生产总值（grp），反映城市经济发展水平。一般认为，城市的经济发展水平越高，其能够提供的就业机会也就越多。

城市职工年平均工资（salary），反映城市平均收入水平的高低。由于没有城市的总体就业人员的平均工资，这里选取职工年平均工资替代。收入水平越高，城市对人们的吸引力也相应越高。

城市就业类型与就业结构。由于《中国城市年鉴》（2011）中只公布单位就业人员比例，并不能反映总体的就业机会多少与就业结构。本书试图利用城市单位就业人员和城市私营与个体就业人员总数，以及《中国2010人口普查分县资料》中公布的15~65岁人口数量构造城市的就业率，但《中国城市年鉴》(2011) 中个别市辖区的私营与个体就业人员数为空白，因此不得不放弃。这里使用第二产业产值占比（secnd_r）与第三产业产值占比（tertry_r）替代。

2. 城市人力资本结构（humn-stru）

这里使用城市市辖区本科及以上学历人口占比。城市的劳动力结构中高人力资本水平劳动力的集聚，将会形成对低人力资本水平劳动力的吸引。这是因为，一方面高人力资本水平劳动力主要从事与服务业相关的职业，并且倾向于管理等类型。而这类服务业的发展会带动大量低端服务业发展。另一方面高人力资本水平劳动力相对低人力资本水平劳动力对生活质量、城市管理及公共服务等的要求要高。

3. 生活便利程度类

这里主要选取了与交通通信相关的三个变量。因为城市的公共交通通勤（comun）、对外交通通达性（transit）及信息通信技术（comuty）的发展，有利于降低物理距离与心理距离对迁移行为的限制。这里分别选取城市人均公共汽车（辆）、城市客运总量（万人）（全市口径）和城市移动电话用户覆盖面三个指标作为代理变量。

4. 公共服务类

考虑到与迁移人口密切相关的公共服务类型，这里主要选取了教育（edu）、医疗（medcle）和文化娱乐（entertain）三个变量。对于迁入城市的人口而言，与他们利益最相关的是孩子的高考问题，这里选取初中阶段师生比反映一个城市的教育水平；使用市辖区每平方公里医院和医疗机构个数反映人们获得医疗服务的便利程度；利用城市市辖区剧场、影剧院个数反映城市的文化娱乐服务发展情况（但考虑到获取这种服务的成本，这可能并不是一个很好的代理变量）。

5. 生活环境类

主要选取城市的生活污水处理率（swg_trt）与建成区绿地覆盖率（afforest）两个代理变量来反映城市的生活环境。

6. 外生变量

为控制住一些外生变量的影响，这里将城市的行政等级纳入模型并赋值。其中，直辖市=5，副省级省会城市=4，副省级非省会城市=3，非副省级省会城市=2，一般地级市=1。已有学者对中国城市行政等级与城市规模之间的关系做过评述（魏后凯，2014b）。可以预测，行政等级越高的城市，对劳动力的吸引力越强。

二、实证结果及分析

（一）实证结果

1. 空间自相关分析

本书使用 GeoDa 1.6 空间计量软件进行分析。考虑到其中部分变量绝对规模量较大，为防止异方差，使用解释变量、经济发展水平、收入水平、城市对外交通通达性、教育等一些变量的对数形式。运用最小二乘方法（original least square，OLS）的结果表明，相关变量基本显著，城市生活污水处理率不显著，故舍去。基本结果符合预期。但进一步做 OLS 残差标准离差图发现，可能存在空间自相关问题（如图 6-1 所示）。图 6-1 中颜色相似的城市在类似的区位，暗示可能存在着正的空间自相关。对深色区域的核心地带存在低估（正的残差），而浅色区域（负的残差）可能存在高估。

对各城市迁入人口规模的对数形式做局部 Local Moran'I，计算得到的数值为 $0.406 > 0$，在 0.05 的置信水平上显著。空间自相关集聚如图 6-2所示。H-H 表示高值与高值邻近，主要为山东半岛地区、江浙沪城市群以及珠三角地区；京津两个直辖市因其周围城市的迁移量不大，在其周边形成低值与高值邻近的格局；西部地区一些省会城市则被周边大量的低值包围。这表明中国劳动力在向城市迁移时，其目的地的选择存在着一定的集聚倾向，这些迁入城市在空间上存在自相关。

2. 空间误差模型（spatial error model）

将利用 queen 相邻原则生成的权重文件，加入 OLS 模型中再次运行。得到的 Moran's I（error）为 0.183，p 值为 0，表明残差确实存在空间自相关问题。

对比拉格朗日乘子（Lagrange Multiplier），空间自回归模型的 LM（lag）项为 0.84，p 值为 0.36，不显著；空间误差模型的 LM（error）为 29.0，p 值为 0，显著。所以选择空间误差模型：

$$y = X\beta + \lambda W_{2\xi} + \varepsilon$$

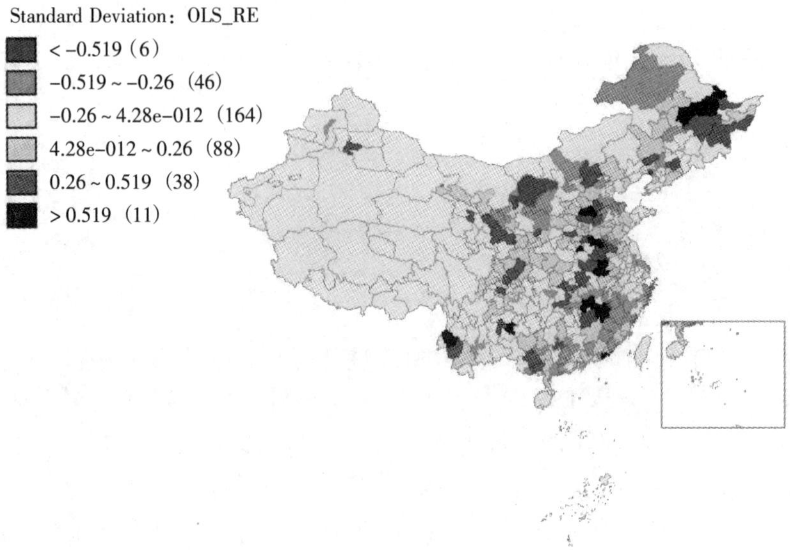

图 6-1　OLS 残差的标准离差示意图

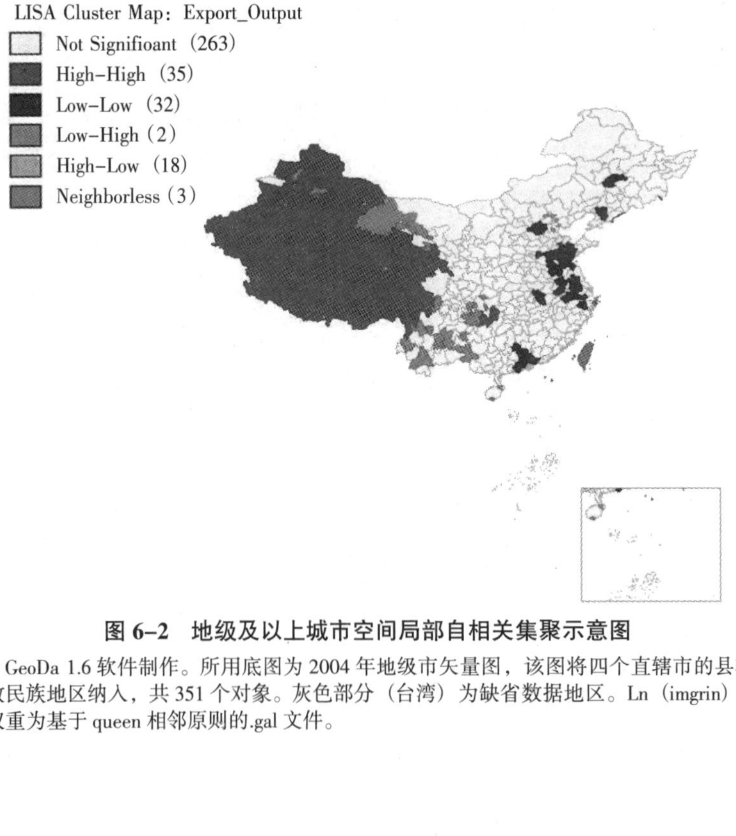

图 6-2　地级及以上城市空间局部自相关集聚示意图

注：利用 GeoDa 1.6 软件制作。所用底图为 2004 年地级市矢量图，该图将四个直辖市的县辖区及一些少数民族地区纳入，共 351 个对象。灰色部分（台湾）为缺省数据地区。Ln（imgrin）转置 499 次。权重为基于 queen 相邻原则的.gal 文件。

$\varepsilon \sim N(0,\ \sigma^2 I_n)$

得到的最大似然估计结果如表 6-2 所示。结果表明，Wald 检验值为 40.20（权重滞后项 Z 值的平方），最大似然比值为 29.66，前文得到的拉格朗日乘子值（LM_error）为 29.0。模型结果满足：Wald 检验值> LR > LM，保证了模型的稳定性。

表 6-2　空间误差模型分析结果：最大似然估计

SUMMARY OF OUTPUT：SPATIAL ERROR MODEL–MAXIMUM LIKELIHOOD ESTIMATION			
Data set:	Export_Output_4		
Spatial Weight:	Export_Output_3.gal		
Dependent Variable:	LNIMGRIN	Number of Observations:	353
Mean dependent var:	11.009589	Number of Variables:	14
S.D. dependent var:	5.669365	Degrees of Freedom:	339
Lag coeff.（Lambda）:	0.419815		
R–squared:	0.998147	R–squared（BUSE）:	—
Sq. Correlation:	—	Log likelihood	-9.603419
Sigma–square:	0.0595532	Akaike info criterion:	47.2068
S.E of regression:	0.244035	Schwarz criterion:	101.337

Variable	Coefficient	Std.Error	z–value	Probability
constant	−0.01682027	0.03675638	−0.4576151	0.64723
LNgrp	0.6876711	0.02912423	23.61165	0.00000***
LNsalry	0.148169	0.05539666	2.674692	0.00748***
LNtrasit	0.1412014	0.02595459	5.440324	0.00000***
humn_stru	−9.811621	1.572208	−6.240664	0.00000***
humcapl*	41.72325	9.502744	4.390653	0.00001***
tertry_r	0.01226007	0.001653809	7.413232	0.00000***
LNedu	0.1537319	0.05542777	2.773554	0.00554***
coumn	−0.02621601	0.004313401	−6.077804	0.00000***
LNcomty	0.05222652	0.03636548	1.436156	0.15096
LNentain	−0.03508507	0.02076023	−1.690014	0.09103*
medcle	0.05157678	0.01569153	3.286919	0.00101***

续表

SUMMARY OF OUTPUT: SPATIAL ERROR MODEL-MAXIMUM LIKELIHOOD ESTIMATION				
Variable	Coefficient	Std.Error	z-value	Probability
afforest	-0.006892351	0.001989088	-3.465081	0.00053***
admi_lel	0.05152282	0.02760112	1.866693	0.06194*
LAMBDA	0.4198149	0.06621607	6.340076	0.00000***

REGRESSION DIAGNOSTICS

DIAGNOSTICS FOR HETEROSKEDASTICITY

RANDOM COEFFICIENTS

TEST	DF	VALUE	PROB
Breusch-Pagan test	13	82.8006	0.00000

DIAGNOSTICS FOR SPATIAL DEPENDENCE

SPATIAL ERROR DEPENDENCE FOR WEIGHT MATRIX : Export_Output_3.gal

TEST	DF	VALUE	PROB
Likelihood Ratio Test	1	29.6597	0.00000

========================= END OF REPORT ===============================

注：* 为 0.01 的显著水平，** 为 0.05 的显著水平，*** 为 0.1 的显著水平。

（二）结果分析

1. 估计结果显著改善

对比最小二乘估计结果与空间误差模型估计结果（见附录 B）可以发现，与使用最小二乘法相比，使用空间误差模型得出的结果的主要指标值都有所改善。可决系数 R^2 有所提高，最重要的是 AIC 与 SC 两个指标值显著下降，表明空间模型的拟合程度更好。

表 6-3　不同模型结果对比

最小二乘估计	空间误差模型估计
R-squared=0.997908	R-squared=0.998147
AIC=76.8665	AIC=47.2068
SC=130.997	SC=101.337

2. 基本结果符合预期

在空间计量模拟试验中，为减少多重共线性删去了第二产业产值比，即第二产业就业比例（secnd_r）。另外，城市生活污水处理能力（swg_trt）不显著，舍去。

从分析结果来看，空间误差项显著不为零。受存在大量缺省值这一因素的影响，截距项不显著，但这并不影响最终结果。除通信发展不显著外，其余变量均在 0.01 或 0.05 的置信水平上显著不为零，且系数基本符合预期影响方向。

（1）与就业相关的三个变量全部显著。其中，反映经济发展水平的地区生产总值（grp）的系数为 0.7，表明经济发展水平提高一个百分点，将带动劳动力迁入增长 0.7 个百分点。收入水平（salary）在 0.05 的置信水平上显著，表明迁入目的地城市收入每提高一个百分点，将带动劳动力迁入提高 0.11 个百分点。而第三产业的发展（tertry_r）或说第三产业就业比例较高，表明有大量与服务业相关的就业机会，这也将刺激劳动力迁入①。

（2）与生活便利程度相关的交通、通信表现也较好。反映城市对外交通通达度的城市客运总量（transit）的系数为正且显著，表明对外交通通达度较好的城市更容易吸引劳动力迁入，且每提高一个百分点，带动劳动力迁入量提高 0.14 个百分点。城市内部交通发展（comun）的系数为负且显著，这主要是与本书使用的数据有关。本书使用“每万人拥有公共汽车数量”，人均量受城市人口规模的影响较大；人口规模相对较小的城市的这个比例排名反而会靠前，导致出现负的系数。该变量表明，这些人均交通量占比排名比较靠前的城市，并不一定有良好的城市公共交通体系，反而不容易吸引人们迁入。城市通信水平（comuty）的发展，可以很大程度上减轻远距离迁移带来的心理压力，方便迁移者与家中亲人、朋友保持联系，从而有利于促进迁移行为的发生。

（3）与城市公共服务发展相关的三个变量——教育、医疗和文化娱乐，也是迁移劳动者相对较为关注的方面。其中教育和医疗两个变量显著为正，反映出教育资源和医疗资源发达的城市较容易吸引迁移人口的目

① 将第三产业产值占比换为第二产业产值占比后，系数显著为负。由于第二产业就业带动弹性相对小于第三产业，所以即使第二产业产值占比较高，也不一定意味着有丰富的就业机会，这一点与第三产业不同。此处，本书想要表征城市就业机会的多少，由于没有城市总体的就业情况（《中国城市年鉴》（2011）中只有单位就业情况），使用第三产业产值占比更合适一些。

光，这也是与人们的生活密切相关的两项公共服务。第三个变量娱乐生活（entertain）不显著。本书使用城市剧院、电影院个数来表征文化娱乐变量，这些文化娱乐设施可能对普通人而言成本较高，吸引力不大，因此可能存在代理变量选择不合适的问题。

但也有三个变量与预期的符号方向不一致，即迁入城市人力资本结构、人均公共交通表征的城市内部交通、城市建成区绿地覆盖率。检查原始数据可以发现，越是一般的地级市、中小城市，这三个变量的排名反而靠前，原因在于其人口规模、建成区面积相对较小。这三个变量都显著不为零。由于本书中使用的数据受城市规模的影响，这三个变量出现符号为负的情况。

（4）行政级别越高的城市对迁移劳动力的吸引力越高。这个要素的表现与现实相符。在中国，城市有着严格的行政等级差异。这种行政等级差异与城市能够支配的资源量或说对资源的支配权是正相关的。往往行政等级越高的城市，其能够提供的公共服务水平越高，吸引产业发展的能力越强，从而对迁移人口形成较强的吸引力。这与本书理论模型中的推论一致。

（5）反映城市生活环境的城市建成区绿地覆盖率显著为负。这个变量也存在着与城市公共交通一样的问题。城市建成区面积的相对大小会影响到覆盖率。但可以认为，城市生活环境优越是一个很大的比较优势。如近年来中国多地出现雾霾天气，严重影响了人们的健康，也影响了正常的生活与经济活动。

（6）人力资本结构对迁移的影响显著。对于本文关注的人力资本结构可以认为，人力资本的异质性对于城市的集聚能力的影响呈现非线性。这是因为，当一个城市的高人力资本水平的人口占比较小，即人力资本的异质性较低时，其对该城市的集聚能力并不能起到提升的作用，随着这些高人力资本水平的人口的流出，城市的集聚能力会下降；当高人力资本水平的人口达到一定比例后，人力资本的异质性提高，将会极大地提升城市的集聚能力，促进城市经济发展与人口集聚。利用城市高人力资本集中度对数据进行处理，表明在消除了人口规模的影响后，高人力资本水平的人口主要集中于各直辖市、省会城市等大城市及特大城市，集中度远大于1，个别城市集中度超过 2①。这些大城市一般高人力资本水平的劳动力规模较大，能够形成一种良好的生活品质及工作竞争氛围，从而吸引更多的劳动力迁入。中小城市由于其高人力资本水平的人口规模偏小，无法形成集聚效应。对于这些中小城市拥有的高人力资本水平的劳动力而言，由于类似群体规模小，整体上低人力资本水平的劳动力偏多，这反而会促使这些高人力资本水平的人口迁出，即形成一种低人力资本水平劳动力较多的环境促使高人力资本水平劳动力离开的局面。这也是第三章第三个假说想要说明的内容。

（7）空间滞后变量系数 ρ 的估计值较大且显著为正。这表明在考虑了其他变量的影响后，变量 y 表现出较强的空间依赖性，中国劳动力向城市的迁移的确存在着空间集聚的倾向。

三、结论

本章主要是从宏观层面分析城市对劳动力迁移的影响因素，以此反映城市规模增长过程中城市中的哪些因素对劳动力迁移具有较强的吸引力。结合本书第四章和第五章的结论，这里对影响因素的选择，不仅考虑城市的经济发展，即就业机会的多少，也综合考虑城市的公共服务、生活环境等多方面的影响。囿于数据的完整性，使用 286 个地级及以上城市（不包括拉萨市）的数据，未包含县级市，且一些已经具备城市建制规模的镇也未能考虑。

从第四章的统计分析不难看出，中国劳动力向城市的迁移存在着明显的空间集聚倾向。利用最小二乘估计（OLS）得到的残差所做标准偏差图表明，存在着相似值在空间上集聚的现象。进一步地，由于局部 Moran's I＝0.406 大于零，的确存在着空间自相关问题。因此，本书选择使用空间计量方法完成实证分析。

经过对两个拉格朗日乘子（Lagrange_error 和 Lagrange_lag）的对比，最终选择了空间误差模型，空间误差模型的拟合程度明显好于传统最小二

① 城市高人力资本集中度=（本科及以上学历人口/城市总人口）/（地级及以上城市本科及以上学历总人口/地级及以上城市人口总规模）。该指标>1，表明该城市高人力资本水平的劳动力较为集中。经计算发现，最高的是北京市，为 2.47，长春市和南京市也都在 2 以上；最低的是四川省的巴中市和陇南市，约为 0.11。

乘法的估计结果。

使用空间误差模型的分析结果基本符合预期，城市就业机会、公共服务（主要是教育和医疗）、生活环境、高人力资本水平劳动力的集聚程度以及城市的行政等级等因素显著不为零。结果表明，城市中的多种因素都会对劳动力的迁移选择形成吸引力及反吸引力：城市的就业机会多、收入水平高、公共服务完善以及高人力资本水平劳动力的集中，都会对劳动力的迁移起到正向吸引的作用。这表明，就业与生活、居住等因素都会成为迁移劳动力对城市进行选择时所考虑的内容。这与第三章提出的假说 1 和假说 3 是对应的，即随着中国劳动力市场的发育以及人们消费结构的改善，包括乡—城迁移劳动力在内，中国迁移劳动力的迁移动机正在由单一的就业动机为导向，向就业为主的经济动机与居住等其他动机并存的方向发展。这种迁移动机的转变，需要引起研究者及城市政策制定者的注意，否则可能会导致相关政策建议及城市政策再失偏颇。

高人力资本水平劳动力的流入，表明该城市产业链高端就业机会较多，这也将带动中低端产业就业机会的培育，进而形成对低人力资本水平劳动力的迁移吸引。即高人力资本水平劳动力的存在，实际上成为了吸引相对低人力资本水平劳动力的一个重要条件。研究表明，高人力资本水平的劳动力会吸引相对低人力资本水平的劳动力；而且从长期来看，高人力资本水平人口越多的城市增长也越快，因为它会受益于知识的溢出效应（Henderson，1988；Simon 和 Nardinelli，2002；Rosenthal 和 Strange，2008）。本书的分析表明，这种不同类型的人力资本结构之间的相互吸引及排斥关系在中国也是存在的，表现为高人力资本水平的劳动力较为集中的城市往往也会吸引较多的迁移劳动力，而低人力资本水平的劳动力集聚的城市将会对高人力资本水平的劳动力形成一种外推作用。

在中国，城市之间存在着严格的行政等级差异，而这种差异会影响到城市对资源的配置，从而导致城市在经济与社会发展方面形成较大的差距。在模型中加入行政等级变量，该变量系数也显著不为零，并且表现出行政等级越高的城市越容易吸引劳动力的迁入。而加入空间滞后变量后，系数 ρ 显著不为零，表明中国劳动力向城市的迁移存在着空间集聚倾向，这种集聚倾向也反映出中国一些对劳动力迁移吸引力较强的城市往往集中于某些区域，中国城市发展存在城市间及区域间的不平衡问题。

了解了多重要素对形成城市对迁移劳动力吸引力的差异，就可以理解，在中国城市行政等级森严、地区及城市间发展水平差异较大的背景下，城市对迁移劳动力的吸引力的差异十分明显。少数大城市及特大城市相比中小城市更容易形成对人口的吸引，而能够实现迁移的人口多具有相对较高的人力资本水平，这种高人力资本水平劳动力的集聚又会通过溢出效应进一步吸引劳动力的迁入。如此循环往复，极容易形成城市规模增长的两极分化。第四章的分析也表明，虽然单纯比较地级市的城市规模集聚程度不明显，但结合相对规模增长与绝对规模增长的两个维度的分析就不难发现，中国城市规模增长中确实存在着诸多的不协调问题，如大城市公共服务能力相比其人口规模仍留有较大余地，而一些大城市的生态环境承载能力却表现出不能满足其绝对人口规模增长的需要；相反，大量中小城市则表现出公共服务供给能力不足，对人口的集聚效应不明显；等等。

总之，在中国区域及城市发展差异明显的背景下，由劳动力迁移动机转变所带来的对迁移目的地城市的选择，有可能对中国的城市规模结构起到一定的极化效应，并带来一系列的经济社会问题。对这种迁移的长期作用一定要注意。短期内，迁移对东部较大城市主要起着增加分子的正向促进作用；而同时对中西部地区则从减小分母层面起着反向促进作用。这种一增一减，在短期内都会对城镇化水平的提高有促进作用，但从长期来看，会带来一些经济社会问题。由于外迁劳动力多为中青年群体，而不能也不愿意迁出的，很大比例上为老、弱、幼群体，这将给迁入地与迁出地带来不同的社会问题，如减缓迁入城市的老龄化水平，而加速迁出地的老龄化水平；增加迁入城市的劳动力人力资本积累，降低迁出地的人力资本水平。从长期来看，这对迁出地的城镇化水平及质量提升而言都是一个抑制因素。随着迁入城市的资源、环境承载能力逐步接近极限值，这也将会带来迁入城市整体经济、社会、环境发展质量的下降，即集聚不经济问题凸显。

第七章 结论与对未来研究的展望

第一节 结论与政策建议

进入20世纪90年代中后期后，在被动遵从计划生育政策以及市场经济发展促使人们主动减少生育行为的共同作用下，中国的城市人口自然增长，按照户籍口径统计多数保持稳定，甚至一些发展较早的大城市，如北京、上海，已经出现了负增长。另外，以重庆为代表的一类城市，其户籍口径人口规模大于常住口径人口规模，使度量城镇化水平公式的分母减小，故其城镇化水平也有较大程度的提升。同时，中国的城镇化水平也是在1996年左右进入30%的加速推进时期，其背后是大规模劳动年龄人口的跨区域迁移。

通过梳理中国劳动力迁移相关的政策文件也可以发现，中国高层对人口迁移的认识也在不断深入，并日益客观和理性：从20世纪90年代以前的严格控制，发展到20世纪90年代中后期至20世纪末以限制为主，引导流动人口向中小城镇就近转移，再到进入21世纪后逐步取消不合理限制，提出要“搞好服务”。近年来，我国开始为迁移劳动人口提供过渡性保障措施，并提出要逐步健全城乡一体化，打破二元机制，开启深化改革的序幕。

总之，可以认为，在中国城市人口自然增长逐步稳定甚至为负的背景下，迁移人口在很长一段时间内将成为城市人口规模增长的重要来源。研究迁移与城市规模增长的关系，并探讨城市规模增长的内在机理具有重要意义。本书旨在通过构建基于劳动力迁移的城市人口规模增长模型，形成从理论到实证的较为全面的分析框架：不仅从微观上考察迁移劳动力迁移动机的变化以支撑全书的分析，也在宏观上探究劳动力迁移动机是否会影响其对城市的选择，进而影响不同城市间规模增长的差异。假如承认劳动力迁移过程中存在着多样化的迁移动机，则会对城市的管理者提出更高的要求，也是地方政府向服务型政府改革的一个重要依据。同时，本书认为，对于城市规模的分析，不能仅关注绝对规模体量的大小，还应分析人口规模与城市经济、社会、资源和环境规模等方面的相互关系，即综合分析城市的绝对规模与相对规模，才有利于推进城市规模的协调增长。

以下是对全书的一个总结。

一、本书结论与启发

（一）五点结论

通过分析，本书得出以下几方面的结论：

1. 迁移劳动人口在分布上以东部为主的格局没有改变，并且出现了结构性的变化

中国迁移人口规模增长十分迅速。1982 年时中国的流动人口只有 657 万人，而到了 2016 年末则已达到 2.82 亿人，增长了 42 倍。有预测表明，在相关政策不变的前提下，中国的流动人口到 2050 年左右将逐步稳定下来，而农村户籍流动人口将达到 3.5 亿人的峰值。对比“五普”和“六普”数据可以发现，十年间迁入人口流向三大区域的比重变化不大，东部仍占主导，为 60.7%。从农村迁移劳动力来看，《2016 年全国农民工监测调查报告》公布的数据表明，2016 年，东部地区流出农民工 5294 万人，其中 81.6%的劳动力仍在东部省份；而中西部地区流出的农民工则主要流向东部，分别占其外出劳动力的 62%和 52.2%。

从迁移距离来看，以短距离迁移为主导的局面已经改变，短中远距离迁移并存。具体来说，虽然从全国范围来看农村外出迁移人口似乎表现出远距离迁移与中短途迁移近乎相当的格局，但分区域来看则差异较大：东部地区由于经济发展水平高，经济机会较多，表现出以中短途迁移为主；而中西部地区则以远距离迁移为主，且迁移人口主要流向东部地区。中短途迁移（即县外省内和乡外县内两种类型）也主要集中于省会城市及副省级城市这类大城市及特大城市。

与此同时，中国迁移劳动力也出现了两个重要的结构性变化：一是新

生代与老一代迁移劳动力特征差异明显，二是中国劳动力迁移的类型发生变化，由以乡—城迁移为主的格局，变为以乡—城迁移为主，乡—城迁移与城—城迁移并存。而新生代迁移劳动力（主要是指农村外出劳动力）与城—城迁移劳动力表现出明显的多样化的迁移动机。进入21世纪以来，随着交通通信的发展，物理空间距离对人们迁移的限制作用降低。而新一代迁移劳动力融入城市的愿望不断增强，他们迁移的动机已经不仅局限于找工作、赚钱，同时也希望享受城市的生活，实现自我提升。城—城迁移劳动力对迁入地政府提供的各项服务，尤其是子女入学、社会保险、看病就医等方面的不满意程度要显著高于乡—城迁移人口。这一点也进一步验证了本书第三章中提出的第一个假说，即中国劳动力迁移动机正逐步由单一的就业为导向向就业和居住等动机并存转变。而这种结构性的变化，将有可能对中国城市迁移活跃程度进一步分化，并对中国的城镇化进程产生一系列的影响，需要加强研究。

2. 迁移劳动人口向地级及以上城市迁移集聚，更倾向于向大城市及特大城市迁移；城市的迁移活跃程度与城市的行政等级有较强的相关性

利用“六普”数据的分析表明，2010年迁移到县级市及以上城市的人口为2.08亿人，占全国总迁移人口的79.8%，相比2000年下降了4个百分点；而迁移到地级及以上城市的总量约为1.7亿人，占全国向城市迁移人口总规模的82.07%，相比2000年提高了4.2个百分点，表明有更多的劳动力向地级及以上城市迁移。

从城市人口规模来看，2010年全国向500万人及以上规模城市迁移的人口占向城市迁移人口规模的76.20%，而在2000年这一比例为34.9%，提高了约41.3个百分点。其中，向6个1000万人及以上规模城市迁移的劳动力就占到全国向城市迁移人口规模的42.91%；这6个城市包括4个直辖市和广州、深圳这2个副省级城市。向200万人及以上规模城市迁移的劳动力占到全国向城市迁移人口规模的97.38%，这些城市主要是各省的省会城市、副省级城市及东部沿海一些城市。

进一步结合城市的迁移类型来看，中国城市的迁移活跃程度似乎与城市的行政等级有较强的相关性。这一点不难理解，因为行政等级越高的城市，其支配资源的能力越强，表现出经济发展更为活跃、公共服务及基础设施更为完善的特征，对劳动人口的吸引力自然要强一些。本书的第六章在计量模型中加入了行政等级变量，分析也表明行政等级对城市形成对劳

动人口的吸引力有重要作用。

3. 劳动人口向城市迁移的空间集聚倾向明显、分级布局结构显现

从空间分布格局来看，综合城市总迁移率与净迁移率两个指标，地级及以上城市主要为净迁入活跃型城市或平衡型活跃城市，而且所有地级及以上城市都属于迁移活跃型城市。县级及以上城市有近 2/3 为平衡活跃型城市，其余主要为净迁出活跃型城市或非活跃型城市。通过对城市的多项指标进行汇总后发现，城市的行政等级与城市的迁移活跃程度存在着较大的关联性。

随着中国城镇化进程进入到以城市群为载体的阶段，未来中国人口迁移目的地也将出现分级结构。在地图上标注后可以发现，劳动力迁移在东部和中部地区以片状集聚为主，主要是在一些目前已经成熟或成型的都市圈和城市群，而在西部地区则是以省会城市为主的点状分布。都市圈、城市群及中西部地区的省会城市将成为中国未来劳动力迁移的主要集聚目的地，而各地的小城镇将成为就近迁移的首选。从统计中发现，各省省会城市均是本省中短途迁移，即省内迁移的主要目的地。与此同时，东部地区以 5 个 1000 万人及以上人口规模的城市为核心（即北京、上海、天津 3 个直辖市以及广州、深圳 2 个副省级城市）发展起来的京津冀、长三角和珠三角城市群，以及中部地区的长株潭、中原、关中平原和武汉城市群等地区的城市都属劳动力净迁入型，并且迁入、迁出的活跃程度较高。西部地区的几大省会城市，即成都、银川和吐鲁番以及直辖市重庆等地呈现分散集聚的状况。由于距离仍旧对劳动力的迁移行为发挥作用，会有较大规模的劳动力愿意选择就近迁移。可以推断，随着中国公共服务均等化进程的推进，公共服务水平得以提升的各地小城镇也将成为劳动力人口就近迁移的首选。

4. 城市规模增长存在着一些不协调问题

从绝对规模与相对规模两个维度对地级及以上城市排序，利用得到的三组位序做绝对位序与相对位序的对应散点图，发现只有较小比例的城市能够达到绝对规模与相对规模的大体一致，大量城市存在资源环境利用粗放，公共服务及城市功能发展滞后，城市无法满足自身人口规模增长的需要等问题。

这样也就可以相对容易地理解以下这些情况：在中国原有城镇化发展道路的背景下，在原有城市发展政策导向与制度没有改变的前提下，由于

城市发展过于关注城市的经济体量、空间体量，对作为城市主体的人的关注不足；由于大城市及特大城市的行政等级高，其资源配置能力更为优越，这些城市的公共服务供给能力要远远好于中小城市及小城镇。迁移人口迁移动机的多样化导致其对城市的区位选择有不同的偏向，而且城市吸引力的差异悬殊，长期来看会出现城市的两极分化，所有这些作用力量及维度叠加在一起，就有了本书提到的循环累积效应，城市进一步两极分化，进而加剧了城市规模增长的不协调问题。

5. 迁移对城市规模增长存在循环累积因果效应

综合全书的分析可知，迁移对城市规模增长的影响可以表达为一种循环累积因果效应。即迁移动机转变—影响迁移偏好—城市对迁移人口的吸引力差异较大—城市规模增长出现分化—城市对迁移的吸引力进一步极化—城市规模增长极化这样一种循环累积过程。

随着中国城镇化的推进及劳动力市场的发展，尤其是迁移人口中出现的代际差异与类型差异，以就业为导向的单一经济激励动机逐步发展为更符合人情的多样化动机，我们暂时统称为居住动机。在迁移动机转变的前提下，劳动人口对迁移目的地城市的选择显示出多样化的偏好，或者主要为提高收入、找到好的工作，或者在取得较优厚收入的同时满足子女教育需要，或者为提高自身发展空间、享受城市丰富多彩的生活，等等。与此同时，中国不同区域间、城市间的发展差距较大，城市严格的行政等级导致其对资源的配置能力存在差异，突出表现为大城市及特大城市比中小城市和小城镇，在经济发展、城市建设、人文环境、公共服务供给能力等多方面表现出绝对的优势，这无疑会增强大城市及特大城市对劳动者的吸引力。在中国城市人口自然增长稳定，城市规模增长主要来源于迁移人口增长的背景下，如此循环往复，城市规模增长的极化效应将会十分明显。

长期来看，这种循环累积过程还会带来多种经济社会问题：特大城市愈加庞大、城市病越来越严重，而中小城市日渐衰落；这种城市规模增长的极化效应表现在空间上，是中国人口、生产力与生态环境资源承载力的不匹配、不协调；大规模跨区域长距离迁移，带来农村地区严重的留守问题、老龄化问题，尤其是亲情的割裂会影响下一代健康成长；迁移政策制度环境不友好，大量迁移人口在城市没有被社会保障政策覆盖或保障政策接续受阻，尤其是乡—城迁移人口容易形成城市中的贫困人口，加剧城市贫困问题并形成一定的贫困聚集，社会矛盾容易积累。这些社会矛盾积累到一定程度后就需要释放，到时引发的后果将十分严重。

（二）三点启示

根据以上结论，我们认为：

1. 城市发展应以人为核心，尊重迁移劳动人口多样化的需求

对于城市发展而言，正是大量人口的迁入才保证了城市劳动力的年轻化，使其人力资本水平保持在较高的水平，从而降低了这些城市老龄化问题的严重性。一旦以控制人口为政策导向，阻碍人口的正常流动，将会产生一系列的问题，严重者有可能引发这些城市的衰退问题。理性的思路应是保持人口的正常流动，并进行合理的引导。这需要以中国各城市的公共服务均等化为切入口，促进产业的合理发展、空间的合理配置，带动人口的有序、多向流动。双向流动的经济体才是健康的。这还包括未来城乡间的人口的正常流动（中国目前正在实行农村土地流转改革，未来要实现城乡土地市场的接轨，必然包含着城乡间要素的双向流动）。还要关注城市增长的反面，即农村的衰退问题。城市化的过程并不是农村的衰退过程或者去农村化的过程，而是通过要素的合理配置和人口的流动，在促进城市经济发展的同时，为农村发展释放空间，促进城乡间的一体化，实现共同繁荣。因为农村的衰退，最终将导致城市的增长不可持续或说城市的繁荣不可能持久。

城市发展的核心是人的城市化，落脚点是人。中国以往的城市发展过程中，过于重视城市中以产业为核心的经济发展，对人缺乏应有的关怀，往往忽视城市主体——人的需求。未来城市发展需要在吸引人口方面调整思路，了解、尊重劳动力迁移动机的多样性，不断满足人们的就业与居住等多方面的需求。中国几大区域中，尤其是中西部地区作为中国未来城镇化的重要阵地，在积极吸引产业转移、发展经济的同时，也要加强城市的公共服务建设和城市的功能布局，完善产业结构，才能真正将人留住，实现中西部的“一亿”目标。

2. 在有利于迁移聚集的制度环境尚未形成的背景下，重视迁移的长期影响

迁移对不同区域及城市所起到的作用及可能产生的影响并不相同：对东部较大城市主要起着增加分子的正向促进作用；而对中西部地区则从减小分母层面起着反向促进作用。这种一增一减，在短期内都会对城镇化水平的提高有促进作用。但从长期来看，这会带来一些社会经济问题。由于

外迁劳动力多为中青年群体，而不能也不愿意迁出的，很大比例上为老、弱、幼群体，这将给迁入地与迁出地带来不同的社会问题，如减缓迁入城市的老龄化水平，加速迁出地的老龄化水平；增加迁入城市的劳动力人力资本积累，降低迁出地的人力资本水平。从长期来看，这对迁出地的城镇化水平及质量提升都是一个抑制因素。随着迁入城市的资源、环境承载能力逐步接近极限值，这也将会带来迁入城市整体经济、社会、环境发展质量的下降，即集聚不经济问题凸显。

另外，进入这些城市的大量迁移人口由于相应的社会保障政策覆盖有限，他们在城市生活的不确定性较大、风险系数较高，不利于他们在城市永久性迁移预期的形成。这种以乡—城迁移为主的迁移人口容易成为城市贫困的新的来源，并容易在城市空间上形成聚集（侯学英，2014）。一旦出现问题很容易成为社会矛盾的触发点。国家卫生和计划生育委员会流动人口司（2014）对 2013 年 8 个城市的人口动态监测调查数据表明，农业人口未来发展意愿中：在流入地长期居住和往流入地迁入户口分别超过五成，远高于在流入地购房建房（26.6%）和在流入地养老（17.9%）。与此形成反差的是，有五成的农业转移人口愿意在户籍地县域内购房建房，有近 60%的农业转移人口则愿意在户籍地县域内养老。这种居住与购房、养老选择的反差，一方面表明大部分农村迁移劳动力难以承受城市的高生活成本、高房价，以及文化心理上的距离；另一方面也表明农业转移人口对在城市享受相关社会福利（如养老、医疗等保险）的预期偏低，未来的多种不确定性影响了他们在城市就业与居住的预期。

3. 中西部地区出现首位城市增长模式的概率较大

从本书理论模型的推导来看，当“距离”成本下降时，有利于形成首位城市增长模式。从中国的情况来看，由于中国存在着较大的区域差异，东中西三个区域的城镇化推进过程表现出一定的时间差。一方面，近年来交通通信技术不断发展，中西部地区的城市快速发展时期正好是交通成本迅速降低的时期，中西部地区发展出现首位城市增长模式的概率会提高。另一方面，中国城市存在行政等级差异，这就从行政的力量上形成了不同级别的城市对资源的强力支配。这种城市行政等级体制在未来是否会改革，也与目前中西部地区是以大城市为主导发展，还是着力发展中小城市的讨论密切相关。

但从现实来看，中西部地区的城市发展目前以中小城镇居多。受自然条件制约，中西部许多地区并不适宜发展大城市群或都市圈，宜居城市也往往以中小城镇为主。考虑到中西部地区未来城镇化将进入加速推进期，其需要容纳较大规模的城镇人口。因此，在中国未来中西部地区城镇体系中要关注中小城镇的发展，加强科学规划（陈耀，2010）。

二、政策建议

国际经验表明，在城市化过程中，人口逐步向江河港口、沿海地区及交通枢纽城市集中是一条基本规律。人口的流动与聚集必须与产业分布、城市的公共服务能力以及城市管理水平相协调（国家人口和计划生育委员会流动人口服务管理司，2010；王章辉和黄柯可，1999）。从中国的实践来看，总体上人口的迁移流向与国际经验是一致的，都要经历一段大量农村劳动人口向城市迁移的过程①。但就中国目前城市发展过程中出现的问题来看，不同区域、不同行政等级城市间的资源、经济发展水平、城市公共服务能力水平都存在着较大的差异，这种差异的存在很大程度上影响了中国城镇化过程中劳动力的迁移选择。而大规模劳动力的跨区域迁移也带来了大量的经济社会问题：全国每到节假日都会出现交通运力紧张的情况，产生大量的个人及社会的无效成本；大城市及特大城市人口规模不断膨胀、城市资源低效利用、环境恶化、交通拥堵、城市空间规模无序扩张等城市病问题凸显；农村地区则出现留守问题、老龄化加速问题以及农村地区和中小城市的加速衰退；迁移人口在城市的社会保障权益得不到保证且被边缘化；等等。

当前，中国不同区域城市的经济社会发展阶段差异明显：东部地区的工业化、城镇化已经进入中后期，处于减速增长阶段，而中西部地区则处于工业化、城镇化快速推进的时期。在东部地区，城市仍是中国吸纳农村人口迁移的主要目的地，而与此同时，中西部地区城市的集聚吸引力也在逐步提升。中国的城镇化已经逐步进入以城市群、城市带为载体的发展阶

① 各国的城镇化水平发展到不同的阶段，其迁移类型也存在着较大的差异。以法国为例，其目前主要是城—城迁移为主，辅之以乡—城迁移及城—乡迁移，而且这种迁移在不同生命周期的人口身上存在着较大的迁移动机差异。而且欧洲国家以及美国还存在着大量的国际移民。另外，拉美地区的一些国家虽然按人口计算也达到了较高的城市化水平，但由于城市无法满足大量农村劳动力的就业需求，形成了城市周边的贫民窟景象。

段，城市带、城市群将共同成为吸引人口迁移的目的地。另外，中国在以乡—城迁移为主的劳动力迁移格局下，城—城迁移，甚至于城—乡迁移的趋势也开始显现，这使中国劳动力迁移及人口流动的格局变得更为复杂。为此，未来中国城镇化推进与迁移政策需要坚持一些基本的原则，即以人为本，人口布局应与生态环境承载力总体匹配、人口分布应与生产力布局相协调、城乡人口服务管理体制应与劳动力迁移及人口流动发展的需要相适应。中国迁移劳动力的迁移动机正逐步由单一的就业导向为主向就业与居住动机并存发展。城市管理者应学会了解、尊重迁移劳动力日益多样化的动机，满足他们的需求，真正实现以人为本的城市发展，提升中国城镇化的质量。

未来中国应坚持以人为本，走绿色、集约、节约、和谐的新型城镇化发展道路（魏后凯，2014b），为迁移人口的就近迁移积极创造条件，以就近迁移为主，长、中、短途迁移并存，构建合理的迁移空间布局。重视并处理好城市与城市之间以及城市与乡村之间的关系，促进城市规模的可持续发展，推进城乡一体化。

为促进未来中国包括劳动人口迁移在内的人口流动的有序推进，形成合理的空间布局，促进城市规模结构的协调及合理，本书提出以下几条建议[①]：

第一，逐步完善城镇规模体系，引导人口的就近迁移。在分析中我们不难发现，随着交通通信技术的发展，无论是物理距离还是心理距离，其对人口迁移的束缚作用不断下降。突出地表现在，“六普”时远距离迁移相比“五普”时大幅增长，劳动力的迁移变得更为容易。但距离仍在起作用。相同条件下，如就业机会及生活便利程度等相差不大时，大量人口还是愿意选择就近迁移。因为迁移不仅关系到个体的利益，还会影响到家庭、亲情的完整等。中国近年来在农村地区出现了大量的空巢老人、留守儿童、留守妇女，“农民工”群体徘徊在城市与乡村之间进退维谷，导致一系列社会问题激化，严重影响了社会和谐及城镇化的质量。

从目前的情况来看，由于中国城镇规模体系并不合理，大量人口流入大城市及特大城市，中小城市由于集聚效应不足而日益衰落，无法吸引人

① 政策建议参阅魏后凯（2014b）、国家人口和计划生育委员会流动人口服务管理司（2010）的相关内容。

口的聚集。中共十八大就已明确要“科学规划城市群规模和布局，增强中小城市和小城镇产业发展、公共服务、吸纳就业、人口集聚功能”。未来，中国需要通过发展一些城市群、都市圈，实现在更大范围内分散式集中，提高土地利用效率；逐步改革城市行政等级制度，为大量中西部地区城市、中小城市的发展创造条件，引导产业转移及加快公共服务事业的发展，壮大中心城区以提高集聚能力，为劳动力的就近迁移创造条件；尽快研究制定“镇改市”的设市标准，在全国选择一批有条件的建制镇，推行“镇改市”试点，以适应这些城镇进一步发展的需要，完善中国目前的城镇规模结构。总之，通过一系列措施优化中国城市规模体系，为引导劳动力的就近迁移创造条件。

第二，引导劳动人口分级布局，优化城市空间分布。从中国城市规模增长的空间分布中可以发现，大量劳动人口向地级及以上城市、东部地区迁移。这种现象的出现有其现实基础。从城市综合承载力来看，由于大城市在自然禀赋、人文积累方面存在优势，大量优质的产业、教育、文化、科技、医疗资源向大城市集中，其人口和经济社会活动的承载力要大大优于中小城市。尽管很多中小城市已经放宽了落户条件，但由于其产业聚集、公共服务能力较弱，基础设施、生活配套设施薄弱，社会保障水平不高，对周边农村人口的吸引力、吸纳力都相对较弱。一方面，大量年轻劳动力流向东部一些大城市及特大城市，有助于提高资源的配置效率、增加城市的人力资本积累，从而提高劳动生产率；另一方面，大量人口的聚集将会对中国东部地区的城市，尤其是一些大城市及特大城市的生态资源带来较大压力。

针对中国目前迁移流动人口中已经出现的分层结构趋势，未来应以国家生态功能分区为基础，引导人口分级迁移流动布局。逐步形成以东部沿海连绵城市带为重心，以内陆城市群为中轴，以西部中心城市为集聚点的迁移流动人口分布格局。通过培育一批城市群以及都市圈的建设，推行“镇改市”试点，形成城市带、城市群、大城市、小城镇四级城市形态，增强大都市圈的辐射能力，带动周边小城镇发展，提高土地集约利用率，优化中国国土空间格局，促进人口的布局与生态资源环境承载能力相匹配，实现城乡可持续发展。

第三，完善城市功能布局，促进城市规模协调增长。乔尔·科特金在其著作《全球城市史》中指出，“繁华的城市不应该仅仅为漂泊族提供各类消遣，城市还应当有尽职尽责的市民，他们的经济利益、家庭利益和城市命运密不可分。一个成功的城市不仅是新潮俱乐部、展览馆和酒店的所在地，也应当是专门化的产业、小企业、学校以及能够为后代不断创新的社区的所在地。”可见，城市的长远发展需要培育与其利益息息相关的市民，城市应该能够提供完整的城市功能及服务让他们安居乐业。

中国市场经济体制改革以来，市场力量所发挥的引导与配置资源、要素的作用逐步增强，促进了经济要素与经济活动向城市集中，城市的空间规模不断扩大、生产力水平不断提升，经济功能逐步强化。与此同时，人口的分布格局调整却相对滞后。以劳动人口为主体的人口永久性迁移无法真正实现，“候鸟式”的往复迁移，不仅造成大量的社会成本，也拉大了中国城乡发展的差距和区域发展的差距。从城市自身来看，分区划片式的开发方式，在不加宏观监管引导的情况下任由市场力量驱动，城市“摊大饼”式无限扩张，也容易导致城市功能的割裂，加剧城市自身的问题积累。

城市发展应对自身功能有一个明确的定位与良好的规划，不能让某种单一功能独大，也不能让各种城市功能无法有序衔接；既要关注城市的绝对规模增长，也要重视城市规模的相对增长。

通过市场力量的引导，以及城市科学规划与政策引导，逐步实现城市功能格局优化和城市规模协调增长：促进城市的经济功能、居住功能、社会功能等的合理布局、良性统一与协调互动；促进城市经济、社会、环境等多方面协调发展。另外，城市在为居民提供就业谋生手段的同时，也应积极引导人们主动参与到城市的发展中来，包括参与城市的发展规划、社会进步、环境生态保护等。只有通过城市与人口的良性互动，才能培育有责任的市民，实现城市的可持续发展。

第四，推进基本公共服务均等化，促进城乡人口融合。劳动力的跨区域、城乡间的大规模迁移流动，导致中国公共服务供需关系发生了较大的改变。目前大量农村外出务工人口被排斥在城市公共服务体系之外，城—城迁移流动人口也难以均等地享有居住地的公共服务。这些都严重影响了城市本地居民与迁入人口的和谐相处与深度融合。

为稳步推进迁移流动人口实现永久性迁移（即市民化）、促进城镇健康发展，需要加大力度推进中国基本公共服务均等化。逐步实现基本公共服务向迁移流动人口覆盖，并最终实现城乡基本公共服务均等化。为此，需要落实就业促进、收入调控和劳动力保护政策，推进教育和卫生资源的均衡配置，建立和健全全国统一、公平、可持续的基本社会保障制度。解决大城市住房供需结构性失衡的问题，提高廉租房供应量，鼓励城市租房市场健康发展，改善低收入和流动迁移人口的住房条件①。

第五，加大政策制度创新力度，形成有利于人口迁移聚集的制度环境。截止到 2016 年，中国迁移人口规模已达到 2.82 亿人，并且仍在增长。利用户籍人口与常住人口两个口径得出的全国城镇化水平，结果相差十几个百分点。可见，迁移，包括乡—城迁移与城—城迁移在内，已经成为促进中国城镇化进程、推动城市发展的重要内容与动力来源之一。但目前有利于人口迁移流动的政策制度环境仍没形成，这包括农村土地流转制度、户籍制度、社会保障的接续制度、公共财税制度等。

未来需要通过改革中国目前广被诟病的城市行政等级制度，促进资源的合理流动、引导资源向中小城市流动，为中小城市发展创造条件。重启“镇改市”，将一些达到建制市规模的镇升级为县级市，使其享受设市的建制和县级或准县级规划管理权限，积极推动这些小城镇的健康发展，从而完善中国的城市体系与结构分布，为劳动力就近迁移与远距离迁移的合理选择提供基础。

应根据中国人口迁移流动现状，构建有中国特色的新型人口服务管理体制。中国的劳动力迁移主要是以乡—城迁移为主，近年来以家庭为单位的迁移趋势日趋明显。目前中国对这部分群体的监测已经有一定基础，但对于不断增长的城—城迁移群体的关注度可能还不够。应加强以常住人口为基础的人口服务管理体制，以居住证和居民户口簿等为纽带，加快实现人口信息平台的建设及部门间信息的共享。

同时，应依据常住人口对财税、公共服务供给等相关体制机制进行调整、创新。加大财税制度改革的力度，公共资源配置重心应与人口流动迁移方向相一致，提高城市人口聚集能力。以城市常住人口作为各级财政基本公共服务转移支付和分配人大代表名额的依据，强化地方政治经济利益与人口增加的一致性，形成有利于人口聚集的制度导向。

① 中国自 2007 年以来加大了对社会保障性住房的供给力度，但各地保障性住房分布偏远、房型不理想，这些都有可能人为地造成城市不同收入阶层的阶层空间分化，并加剧城市的交通拥挤状况。在全国人口流动迁移加快的背景下，建议是否可以考虑放弃以自有住房为导向的政策，引导社会租房市场的发展。

另外，在充分保障农民权益、坚持土地公有制性质不变、耕地红线不突破的前提下，深化农村土地制度改革试点，在土地征收范围的界定、土地补偿标准、土地增值收益分配等方面取得新的进展。并且在试点经验的基础上，为未来《土地管理法》的修订打下基础①。

总之，城镇化是一个关系到城市发展与农村兴衰的过程，不能割裂两者的关系，必须统筹城乡发展，走集约、高效、生态的新型城镇化道路。城市化的过程是城乡双向互动的过程，在中国已经取消农业和非农业户口的前提下，只有以基本公共服务均等化为突破口，促进各地的生活便利程度大体一致，并进一步引导产业的合理布局发展，才能真正实现引导人口合理流动布局的目的。只有保得住乡愁、城乡宜居、人口双向流动顺畅，才能有城市的美好未来。

第二节　未来研究展望

限于时间、精力及个人能力，本书的研究存在着诸多不足，未来仍有较大的改进余地。包括对理论模型的设定以及研究方法上的更新。尤其是数据的缺乏让本书的研究，尤其是实证部分变得有些支离，在写作中本书不得不借助一些统计数据及已有的分析对实证结论进行补充验证。针对本

① 《中共十八届三中全会关于全面深化改革若干问题的决定》明确了农村土地制度改革的方向和任务。2015 年 1 月，中共中央办公厅和国务院办公厅联合印发了《关于农村土地征收、集体建设用地入市、宅基地制度改革试点工作意见》。该意见有八大亮点：①探索多元化的土地征收制度；②宅基地可自愿有偿退出；③探索制定土地征收目录；④可复制、可推广；⑤更高层次提出同权同价、流转顺畅、收益共享；⑥建立社会稳定风险评估；⑦问题导向和底线思维；⑧允许试点地区在试点期间暂停执行相关法律法规。中共十二届全国人大常委会第十三次会议审议了国务院关于提请审议《关于授权国务院在北京市大兴区、天津市蓟县等 33 个试点县（市、区）行政区域暂时调整实施有关法律规定的决定（草案）》的议案。北京市大兴区、天津市蓟县等 33 个试点县级行政区域，拟暂时调整实施土地管理法等关于集体建设用地使用权不得出让等规定，允许农村集体经营性建设用地入市，同时提高被征地农民分享土地增值收益的比例，对宅基地实行自愿有偿的退出、转让机制。参阅《关于农村土地征收、集体经营性建设用地入市、宅基地制度改革试点工作的意见》，国土资源网，http：//www.guotuzy.cn/html/1501/n-210621.html；《解读农村土地制度改革八大亮点》，人民网，http：//news.xinhuanet.com/house/cd/2015-02-24/c_1114420778.htm；《全国 33 县市区拟试点农村土地制度改革》，《京华时报》，http：//news.xinhuanet.com/house/cs/2015-02-26/c_1114434777.htm。

书得出的一些初步结论，随着数据的完善以及一些研究方法的改进，考虑可以在以下几个方面进一步深化研究。

第一，目前理论模型存在诸多瑕疵，需要进一步优化。如对理论模型的处理稍显简单，没有扩展至多区域；对迁移模型讨论得不够深入；对城市增长模式的过渡模式讨论也较为粗糙。最为重要的是，本模型构建过程中对规模收益递增的表现无法完全反映现实发展。因为，本书理论模型是在新经济地理理论模型的基础上进行扩展的，模型构建中以劳动力要素作为固定投入来体现规模收益递增。这种处理方式忽略了服务业的发展，这与中国服务业加快发展的现实还是存在着一定差距的。下一步需要对理论模型进一步优化，充分考虑服务相关产业发展对经济发展、城市规模增长的作用。

第二，未来应加强对中国不同类型迁移人口的研究。中国目前仍以劳动力的乡—城迁移为主，这也是国内学者多年来研究的重点。但城—城迁移及城—乡迁移的趋势也已经存在，并且城—城迁移将会以较快的速度增长。这些不同类型的迁移劳动人口的迁移动机更为多样化，这将真正影响到他们对迁移目的地的选择偏好，并在城市及农村的规模增长上表现出来，不断对中国的城镇规模结构进行调整。如果能够从迁入地的角度得到更为丰富的随机抽样数据，未来可以更好地刻画中国包括劳动人口在内的更为庞大的迁移人口的动机变化，剖析不同生命周期、不同性别及不同区域人口的动机差异。在这种大样本数据分析的基础上，才能够更好地把握中国城镇化过程中人们的迁移行为变化，从而为更好地预测未来城镇化的发展重点及城镇规模增长格局变动提供依据。

第三，可以考虑构建一个完整的指标体系，对中国城市规模增长进行更为全面的把握。本书从绝对规模与相对规模两个层面对城市规模进行分析，以尽量避免仅用绝对规模量化城市并对城市位序进行排列。因为城市作为一个集聚体，不仅具有规模的表现，也需要结构的匹配。只有综合考察城市集聚的规模以及城市不同维度之间的相互关系，才能更好地把握城市这个集聚体。本书从人口规模角度出发，运用城市土地资源与公共服务两个维度衡量城市的相对规模，并得到两个新的位序。通过与绝对规模位序做 XY 散点图，发现城市规模增长中存在着一些不协调问题。但本书所用维度仍显偏少，未来需要进一步完善。虽然目前国内有对城市承载力的一些分析，但这种分析往往偏于统计分析，缺乏对作为城市主体的人的人文关怀。

第四，随着数据的更新与完善，需要进一步完善本书的研究方法。本书对实证部分一些统计方法及计量方法的选择，很大程度上受限于数据的可得性问题，突出地表现在第五章和第六章。本书第五章从微观层面对劳动力迁移动机进行实证分析时，由于缺少更大的样本及连续时间数据，仅能对乡—城迁移劳动力做出一个初步的分析。而且，由于不能表现连续的趋势变化，需要辅助于一些描述性统计分析。同样的情况发生在第六章的写作中。本书第六章试图从宏观层面展现城市对于劳动力迁移的影响，即哪些因素有助于形成城市对劳动力迁移的吸引力。第六章使用截面数据，无法捕捉到时间滞后因素或说预期的影响，而且仅对全国地级及以上城市数据进行分析，不能把握中国城市的全貌。

未来如果能够得到更为全面的数据资料，可以对中国劳动力迁移动机、意愿问题做更为客观、全面的分析，从而对中国城市规模增长做出预测，并做出相应的政策建议。同时，可以考虑将空间截面模型进一步扩展至空间面板模型，以包含更为丰富的时空信息，提高模型设定与模拟的准确性。

总之，随着数据的更新及完善，未来可以对适宜的研究方法做出更好的判断，从而更好地对现实进行把握。

第五，未来应对国际经验进行总结。本书在结构安排上，没有专门对国际经验部分展开论述，导致在逻辑完整性上存在一定瑕疵。本书认为，中国的城镇化及城市规模增长的过程与国外并没有太大的不同。因为在市场化体制改革进程中，市场对要素的引导作用越来越起着基础作用，所以在未来发展的大趋势上不会有太大的差异。当然，由于中国区域差异较大，政府对城镇化的政策干预也较强，一些在国际上没有出现的现象有可能在中国城市发展过程中出现。如在中国不同区域、不同城市的国土空间老龄化推迟和加快同时上演：由于东部地区有大量青壮年劳动力的迁入，其老龄化水平被拉低；而中西部地区大量人口的迁出，不仅加快了其老龄化的进程，还出现了“未富先老”的情况。可以预测，中西部地区在加快经济发展的过程中，如果不能引导劳动力的回流，或者留住劳动力在本地发展，那么其经济的起飞和发展将会进一步受到制约，从而影响区域协调发展目标的实现。随着中国城镇化的较快发展，以及城市型社会的特征愈加明显，一些国外的做法与经验教训是可以借鉴的。如美国是一个典型的移民国家，大量外来移民的进入，为其经济发展提供了年轻的劳动力及活力；而与之形成典型对比的是日本，日本限制外来移民，在其自身的城镇化水平达到一定高度后，国民生育意愿下降，但由于没有年轻的移民进入，其老龄化水平不断攀升。下一步需要梳理、总结国外一些城市发展、规模增长过程中的经验教训，以便为中国城市规模增长和城镇化进程提供可借鉴的经验。

附　录

A

证明：$\frac{dx_i(h)}{dP_i(h)} \times \frac{P_i(h)}{x_i(h)} = -\sigma$

为简化分析，不考虑产品输入。对于区域 i 而言，其制造业产品的价格指数为

$$Q_i = \left\{ \int_{h=1}^{Ni} [P_{Mi}(h)]^{1-\sigma} dx \right\}^{1/1-\sigma}$$

需求函数，$x_i = p_{Mi}^{-\sigma} e_i Q_i^{\sigma-1} = \frac{p_{Mi}^{-\sigma} e_i}{\int_{h=1}^{Ni} [P_{Mi}(h)]^{1-\sigma} dx}$

$$\frac{dx_i}{dP_i} = \left\{ -\sigma p_{Mi}^{-\sigma-1} \int_{h=1}^{Ni} [P_{Mi}(h)]^{1-\sigma} dx + (\sigma-1) p_{Mi}^{-\sigma} p_{Mi}^{-\sigma} \right\} e_i / \left[\int_{h=1}^{Ni} [P_{Mi}(h)]^{1-\sigma} dx \right]^2$$

$$= e_i \frac{-\sigma p_{Mi}^{-\sigma-1}}{\int_{h=1}^{Ni} [P_{Mi}(h)]^{1-\sigma} dx} + (\sigma-1) e_i \left[\frac{p_{Mi}^{-\sigma}}{\int_{h=1}^{Ni} [P_{Mi}(h)]^{1-\sigma} dx} \right]^2$$

$$= -\sigma p_{Mi}^{-1} x_i + \frac{\sigma-1}{e_i} x_i^2$$

弹性 $\varepsilon_i = -\frac{dx_i(h)}{dP_i(h)} \times \frac{P_i(h)}{x_i(h)} = \sigma - \frac{P_i(h) x_i(h)}{e_i}(\sigma-1)$

当某种产品的需求量很小，所占的支出份额较小时，即产品差异化程度较高，厂商数量众多时，$\frac{P_i(h) x_i(h)}{e_i} \to 0$，$\varepsilon_i$ 近似等于 σ。

B

SUMMARY OF OUTPUT: ORDINARY LEAST SQUARES ESTIMATION

Dependent Variable:	LNIMGRIN	Number of Observations:	353
Mean dependent var:	11.0096	Number of Variables:	13
S.D. dependent var:	5.66936	Degrees of Freedom:	340
R-squared:	0.997765	F-statistic:	12649.2
Adjusted R-squared:	0.997686	Prob (F-statistic):	0
Sum squared residual:	25.3575	Log likelihood:	-36.0916
Sigma-square:	0.074581	Akaike info criterion:	98.1833
S.E. of regression:	0.273095	Schwarz criterion:	148.447
Sigma-square ML:	0.0718344		
S.E of regression ML:	0.268019		

Variable	Coefficient	Std.Error	t-Statistic	Probability
CONSTANT	0.009762602	0.03194886	0.3055696	0.76012
LNGRP	0.6750999	0.03167813	21.31123	0.00000
LNSALRY	0.172583	0.05968234	2.891692	0.00408
LNTRASIT	0.1431404	0.02666766	5.367564	0.00000
humn_stru	-3.246024	0.6806026	-4.769339	0.00000
tertry_r	0.01171469	0.001813759	6.458791	0.00000
LNEDU	0.1122957	0.06059886	1.8531	0.06473
coumn	-0.03022379	0.004594033	-6.578923	0.00000
LNCOMTY	0.03272486	0.03862899	0.8471581	0.39750
LNENTAIN	-0.04696675	0.02417174	-1.943044	0.05284
medcle	0.05570209	0.01734592	3.211249	0.00145
afforest	-0.008804208	0.002174759	-4.04836	0.00006
admi_lel	0.1155918	0.03070776	3.764255	0.00020

C

2010 年地级市迁移类型及其特征汇总

城市名	总人口	户籍人口	迁入量	迁出量	建成区面积（平方公里）	gdp（当年价格万元）	行政等级
净迁入活跃型：122 个							
北京市	18827262	11845658	10288947	3307343	1186	141135800	5
天津市	11090783	8156160	4720455	1785832	687	85614571	5
石家庄市	2834942	2430920	1052641	648619	1172	12397815	2
秦皇岛市	1029670	839326	363377	173033	89	5310108	1
邢台市	670154	596831	247080	173757	70	2170519	1
保定市	1138521	1022134	375103	258716	132	5434022	1
张家口市	1060605	889738	461508	290641	84	3614862	1
沧州市	536795	479842	161378	104425	46	4292544	1
太原市	3205088	2646289	1409315	850516	245	16222978	2
晋城市	476945	351279	191194	65528	41	1492043	1
晋中市	635651	567052	191534	122935	39	1445388	1
临汾市	944050	838252	239589	133791	37	1908712	1
吕梁市	320142	273950	98409	52217	18	654533	1
呼和浩特市	1980774	1158980	1201922	380128	166	11949374	2
包头市	2096851	1510702	1035695	449546	183	20814400	1
乌海市	532902	453968	227133	148199	63	3911235	1
鄂尔多斯市	582544	259787	453222	130465	113	6391639	1
呼伦贝尔市	344934	275859	110705	41630	28	1624152	1
乌兰察布市	356135	300038	175876	119779	35	1050855	1
沈阳市	5585078	4827362	2228597	1470881	412	2417827	4
大连市	4087733	3031312	1840100	783679	390	41849101	3
本溪市	1094294	962914	263221	131841	107	6631375	1
锦州市	1091799	972703	264207	145111	71	2609429	1
营口市	1032048	911370	290865	170187	99	4391806	1

续表

城市名	总人口	户籍人口	迁入量	迁出量	建成区面积（平方公里）	gdp（当年价格万元）	行政等级
净迁入活跃型：122 个							
盘锦市	676464	607471	214374	145381	61	3784717	1
长春市	4193073	3611036	1471705	889668	394	3538239	4
通化市	506702	434955	87444	15697	36	2033307	1
哈尔滨市	5878939	4770538	1811092	702691	359	25819543	4
大庆市	1649825	1346222	521525	217922	207	26330980	1
七台河市	620987	547563	199709	126285	62	2446402	1
上海市	22315474	13493127	12490762	3668415	866	171659800	5
南京市	7165292	5516185	2634645	985538	619	45152168	4
无锡市	3543719	2383661	1619076	459018	231	29865582	1
常州市	3290918	2277847	1416511	403440	153	23162600	1
苏州市	4072081	2418774	2065622	412315	329	35727500	1
连云港市	1050523	904994	313952	168423	120	4373900	1
扬州市	1392563	1235574	412797	255808	82	9894548	1
镇江市	1200760	1043096	380073	222409	109	8448700	1
杭州市	6241971	4329699	2797884	885612	413	47407788	4
宁波市	3491597	2232933	1799388	540724	272	30621613	3
温州市	3039439	1463142	2034295	457998	175	11962637	1
嘉兴市	1201882	842640	524332	165090	85	5781699	1
湖州市	1293219	1090962	401349	199092	78	5964402	1
绍兴市	883836	650532	381706	148402	100	4666983	1
金华市	1077245	932009	375550	230314	72	4030312	1
舟山市	842989	699098	346113	202222	52	4565179	1
台州市	1902510	1550003	727282	374775	116	8527744	1
丽水市	451418	386437	224124	159143	32	1752117	1
合肥市	3310268	2161512	1557934	409178	326	19204471	2
芜湖市	1307042	1123094	411287	227339	135	7947387	1
马鞍山市	741531	639218	229278	126965	78	6216009	1

续表

城市名	总人口	户籍人口	迁入量	迁出量	建成区面积（平方公里）	gdp（当年价格万元）	行政等级
净迁入活跃型：122 个							
福州市	2921762	1899375	1445907	423520	220	15435522	2
厦门市	3531347	1778591	2151224	398468	230	20600737	3
三明市	375497	282089	141647	48239	28	2274602	1
泉州市	1435185	1032548	700370	297733	160	8258778	1
漳州市	705649	561031	267750	123132	51	3490432	1
龙岩市	662429	487093	315699	140363	38	4097313	1
南昌市	2357839	1929680	945211	517052	208	15009764	2
景德镇市	473561	422323	130893	79655	73	2638030	1
九江市	704986	620480	218147	133641	89	4708370	1
赣州市	642653	558488	182440	98275	76	2090705	1
济南市	4335989	3495058	1507310	666379	347	29598443	4
青岛市	3718835	2765312	1693803	740280	383	32305706	3
淄博市	3129228	2798675	681816	351263	225	22185236	1
东营市	1004271	848192	320561	164482	108	15363880	1
烟台市	2227733	1788411	729887	290565	265	18602672	1
潍坊市	2044028	1823775	451488	231235	140	7973635	1
威海市	844310	653675	318889	128254	132	4923250	1
郑州市	4253913	2857985	2118397	722469	343	17539158	2
濮阳市	655674	572103	157721	74150	51	1795542	1
许昌市	498087	397281	167914	67108	80	2522205	1
周口市	505171	450266	92750	37845	51	2334938	1
武汉市	9785388	8383650	3835009	2433271	500	45591116	4
十堰市	767920	538413	294203	64696	62	4607691	1
宜昌市	1411380	1252274	366486	207380	92	7831346	1
长沙市	3092213	2417764	1369776	695327	272	26277475	2
株洲市	1055150	809180	327627	81657	107	6480199	1
湘潭市	960303	784760	301249	125706	73	5293637	1

续表

城市名	总人口	户籍人口	迁入量	迁出量	建成区面积（平方公里）	gdp（当年价格万元）	行政等级
净迁入活跃型：122 个							
衡阳市	1133967	982924	356918	205875	99	3885300	1
岳阳市	1231509	1093079	294745	156315	82	7361478	1
郴州市	822534	718992	274488	170946	62	3142799	1
怀化市	552622	363515	240408	51301	52	1455769	1
广州市	11071424	6670098	5687551	1286225	952	98794145	4
深圳市	10358381	2510145	8514958	666722	830	95815101	3
珠海市	1562530	1053186	729225	219881	124	12085958	1
佛山市	7197394	3719983	3870373	392962	152	56515223	1
江门市	1822614	1394058	604750	176194	129	8838164	1
肇庆市	644032	507716	231286	94970	80	3844617	1
惠州市	2344634	1333961	1366418	355745	215	11304777	1
梅州市	380771	318675	150495	88399	45	1131674	1
河源市	463907	315016	190608	41717	29	1559246	1
清远市	811233	661415	298172	148354	69	3580907	1
东莞市	8220207	1854215	6583474	217482	92	42464527	1
中山市	3121275	1498598	1761501	138824	41	18506521	1
潮州市	452469	354921	191612	94064	42	1148716	1
南宁市	3434303	2578834	1428567	573098	215	13039407	2
柳州市	1436599	974995	667698	206094	135	9111262	1
桂林市	975638	710870	413150	148382	63	3608989	1
北海市	668044	596877	204345	133178	55	2645800	1
百色市	372825	320087	81756	29018	33	1208683	1
海口市	2046170	1459948	901628	315406	98	5951444	2
三亚市	685408	444769	238489	–2150	28	2308509	1
成都市	7415590	5156886	3313658	1054954	456	39324694	4
攀枝花市	787177	689060	259886	161769	55	4020352	1
德阳市	735070	658854	216733	140517	54	2848680	1

续表

城市名	总人口	户籍人口	迁入量	迁出量	建成区面积（平方公里）	gdp（当年价格万元）	行政等级
净迁入活跃型：122 个							
绵阳市	1355331	1212010	434357	291036	103	4567045	1
达州市	478276	419318	149187	90229	32	1220296	1
贵阳市	3034750	2242391	1328431	536072	162	1836497	2
遵义市	1094871	872608	418042	195779	47	887907	1
昆明市	3544503	2551247	1554110	560854	275	8258351	2
玉溪市	495129	426190	143820	74881	23	4301001	1
丽江市	211151	158947	88305	36101	25	504683	1
普洱市	296565	220683	122222	46340	24	541064	1
西安市	6501190	5573914	2164809	1237533	327	27629200	4
榆林市	637617	527590	319910	209883	52	2489960	1
兰州市	2628426	2075506	1003293	450373	196	8772645	2
嘉裕关市	231853	208279	74719	51145	50	1843192	1
金昌市	228561	202209	63442	37090	37	1696746	1
西宁市	1198304	905545	532567	239808	67	4404121	2
银川市	1290170	726569	558324	–5277	121	5120401	2
乌鲁木齐市	3029372	1883482	1484155	338265	343	13204006	2
克拉玛依市	391008	322021	125496	56509	57	7113531	1
净迁出活跃型 ：23 个							
伊春市	730178	821318	63350	157490	161	1358483	1
宿迁市	1437685	1637416	155721	355452	65	3746000	1
阜阳市	1768947	2067361	197978	496392	76	2428777	1
宿州市	1647642	1848767	195527	396652	53	2464960	1
巢湖市	780711	888047	124237	231573	39	1549059	1
六安市	1644344	1858109	225817	439582	61	1649854	1
亳州市	1409436	1568467	101160	260191	57	1755704	1
池州市	595268	656144	91510	152386	35	1592756	1
宣城市	772490	851837	134508	213855	43	1475254	1

续表

城市名	总人口	户籍人口	迁入量	迁出量	建成区面积（平方公里）	gdp（当年价格万元）	行政等级
净迁出活跃型：23 个							
信阳市	1230042	1469679	280540	520177	68	4527267	1
咸宁市	512517	616330	105535	209348	63	1322000	1
永州市	1020715	1123974	176739	279998	55	2239787	1
钦州市	1198428	1361919	186546	350037	80	2039598	1
贵港市	1493874	1773281	154955	434362	56	2555036	1
来宾市	910282	1015165	116676	221559	29	2024147	1
自贡市	1262064	1491859	178010	407805	80	4233670	1
遂宁市	1295885	1469800	132367	306282	50	1923921	1
内江市	1251095	1419006	124476	292387	40	2542001	1
广安市	858159	1258124	94438	494403	30	1571382	1
巴中市	1126167	1380591	129833	384257	18	1054562	1
资阳市	905729	1092832	117667	304770	36	2148197	1
安顺市	765399	860165	135600	230366	32	887907	1
安康市	870126	992180	75332	197386	30	1141960	1
平衡活跃型：141 个							
唐山市	3187171	3081966	589429	484224	234	22626477	1
邯郸市	1445338	1357845	297284	209791	111	5444810	1
承德市	571775	519071	173651	120947	100	2063583	1
廊坊市	868066	784336	193906	110176	59	3343144	1
衡水市	522147	482064	389415	349332	44	1725022	1
大同市	1737514	1568486	598459	429431	108	5638726	1
阳泉市	722155	689196	210145	177186	245	2816178	1
长治市	764841	735922	156531	127612	108	2371031	1
朔州市	709087	658144	225940	174997	36	3972294	1
运城市	680036	663544	152822	136330	55	1180854	1
忻州市	544683	528802	102353	86472	30	801344	1
赤峰市	1333526	1217990	436091	320555	81	4571827	1

续表

城市名	总人口	户籍人口	迁入量	迁出量	建成区面积（平方公里）	gdp（当年价格万元）	行政等级
平衡活跃型：141 个							
通辽市	898895	834283	230789	166177	66	3814211	1
巴彦淖尔市	541721	544506	238487	241272	38	1789072	1
鞍山市	1544084	1478960	371484	306360	158	34322142	1
抚顺市	1431014	1396170	247410	212566	130	12561795	1
丹东市	865576	796781	230294	161499	53	6283596	1
阜新市	790656	783547	188786	181677	76	5635825	1
辽阳市	789137	758776	229493	199132	98	1991737	1
铁岭市	453073	448083	90684	85694	44	6010311	1
朝阳市	625187	595673	165719	136205	53	2018416	1
葫芦岛市	970208	980276	218321	228389	75	1741977	1
吉林市	1975121	1828197	452112	305188	166	23639084	1
四平市	613625	606574	121817	114766	51	10241814	1
辽源市	472256	484194	96513	108451	46	2056605	1
白山市	619016	563414	143122	87520	40	2179728	1
松原市	612816	562153	212573	161910	43	4223642	1
白城市	517434	514632	119919	117117	38	1137774	1
齐齐哈尔市	1553788	1706017	212327	364556	135	4413846	1
鸡西市	862959	880365	133296	150702	79	1635323	1
鹤岗市	664471	657997	99721	93247	43	1623340	1
双鸭山市	501827	509461	79395	87029	59	1586319	1
佳木斯市	881711	813043	152566	83898	94	2561501	1
牡丹江市	965154	900508	188711	124065	76	2354881	1
黑河市	211313	191966	53533	34186	19	402868	1
绥化市	877114	882576	60514	65976	28	684446	1
徐州市	1967214	1900263	451411	384460	239	17794683	1
南通市	2274113	2133346	564339	423572	125	13928100	1
淮安市	2635406	2794754	412094	571442	120	8726700	1

续表

城市名	总人口	户籍人口	迁入量	迁出量	建成区面积（平方公里）	gdp（当年价格万元）	行政等级
平衡活跃型：141 个							
盐城市	1615836	1637855	283066	305085	89	6257600	1
泰州市	878463	829097	219121	169755	65	5665200	1
衢州市	805963	806236	190812	191085	58	3262294	1
蚌埠市	972784	919238	236371	182825	105	3152167	1
淮南市	1666826	1697574	291968	322716	97	4315738	1
淮北市	1113321	1099077	170761	156517	63	3487685	1
铜陵市	474363	449710	87561	62908	48	3920857	1
安庆市	780514	744371	210740	174597	77	2834624	1
黄山市	460786	437173	115463	91850	44	1407879	1
滁州市	562321	538771	130756	107206	60	1741663	1
莆田市	1953801	2138534	437203	621936	55	7105270	1
南平市	467875	497768	134543	164436	26	1764311	1
宁德市	429260	441114	142933	154787	19	1268202	1
萍乡市	893550	833658	131079	71187	42	3203388	1
新余市	839488	833881	241558	235951	53	5301713	1
鹰潭市	214229	207098	60235	53104	29	917184	1
吉安市	538699	542928	71850	76079	35	1083381	1
宜春市	1045952	1067890	168289	190227	50	1162405	1
抚州市	1089888	1160307	165949	236368	50	2035008	1
上饶市	416219	407047	77168	67996	38	1154376	1
枣庄市	1660677	1730080	249859	319262	119	7281161	1
济宁市	1241012	1130327	289392	178707	89	6250100	1
泰安市	1735425	1590562	419813	274950	107	6114006	1
日照市	1320568	1234456	312604	226492	90	8272000	1
莱芜市	1298529	1267581	191328	160380	58	5463300	1
临沂市	2303648	2104540	480485	281377	166	9057300	1
德州市	679535	612808	129377	62650	89	3666581	1

续表

城市名	总人口	户籍人口	迁入量	迁出量	建成区面积（平方公里）	gdp（当年价格万元）	行政等级
平衡活跃型：141 个							
聊城市	1229768	1161610	154622	86464	69	2807910	1
滨州市	682717	634389	126374	78046	87	3147190	1
菏泽市	1346717	1457408	99241	209932	77	2580669	1
开封市	896117	816902	211698	132483	94	2174801	1
洛阳市	1926079	1733653	526913	334487	181	7262821	1
平顶山市	1034042	962119	263709	191786	71	4813034	1
安阳市	1146839	1070934	265947	190042	76	3637605	1
鹤壁市	634721	614100	74298	53677	51	2222361	1
新乡市	1047088	965754	243935	162601	97	1105840	1
焦作市	865413	815981	198660	149228	90	3316177	1
漯河市	1294974	1360050	145179	210255	60	2521469	1
三门峡市	325628	297216	78136	49724	30	2020801	1
南阳市	1811812	1825489	328217	341894	92	3962331	1
商丘市	1536392	1623542	127657	214807	60	1138698	1
驻马店市	721732	660117	115178	53563	52	2829779	1
黄石市	691963	634055	897865	839957	66	3525200	1
襄樊市	2199690	2222809	683702	706821	107	8598175	1
鄂州市	1048668	1082655	126680	160667	52	3952900	1
荆门市	632954	581924	213308	162278	50	2510676	1
孝感市	908266	945523	182328	219585	33	1558100	1
荆州市	1154086	1132910	327238	306062	66	2975773	1
黄冈市	366769	382140	85750	101121	58	959994	1
随州市	618582	648556	116916	146890	43	1809800	1
邵阳市	753194	690848	139031	76685	49	1489724	1
常德市	1457419	1408615	280761	231957	76	6863491	1
张家界市	494528	507067	92741	105280	28	1239736	1
益阳市	1245517	1333135	157558	245176	54	2790312	1

续表

城市名	总人口	户籍人口	迁入量	迁出量	建成区面积（平方公里）	gdp（当年价格万元）	行政等级
平衡活跃型：141个							
娄底市	496744	466178	165910	135344	41	2073762	1
韶关市	991600	910152	289221	207773	78	3406299	1
汕头市	5329024	5187738	765138	623852	182	11995195	1
湛江市	1611868	1523465	393425	305022	81	7690724	1
茂名市	1217596	1305515	148486	236405	70	5673481	1
汕尾市	492262	496656	77067	81461	14	1300517	1
阳江市	676857	654043	158543	135729	44	2541737	1
揭阳市	746354	706038	86525	46209	58	2300613	1
云浮市	318145	300939	67179	49973	19	885872	1
梧州市	531296	502052	147470	118226	36	1760343	1
防城港市	518124	522171	103862	107909	31	2328974	1
玉林市	1056743	1014417	214470	172144	57	2463984	1
贺州市	1005490	1093590	84686	172786	29	1693146	1
河池市	330131	308090	78108	56067	19	928866	1
崇左市	316738	347821	43068	74151	22	770153	1
重庆市	15693490	15612594	4170553	4089657	870	58506100	5
泸州市	1371233	1470040	238422	337229	83	3694938	1
广元市	859246	924828	157571	223153	38	1503740	1
乐山市	1211237	1154662	214013	157438	54	3585871	1
南充市	1858875	1924464	303076	368665	78	3003230	1
眉山市	821853	852289	146739	177175	44	1862579	1
宜宾市	836340	798401	234334	196395	57	3260716	1
雅安市	355572	351293	53167	48888	20	821357	1
六盘水市	1111372	1168155	243133	299916	39	2747971	1
曲靖市	740747	702996	200814	163063	56	3090022	1
保山市	935618	917025	80027	61434	25	1073286	1
昭通市	787837	846720	95025	153908	27	1232752	1

续表

城市名	总人口	户籍人口	迁入量	迁出量	建成区面积（平方公里）	gdp（当年价格万元）	行政等级
平衡活跃型：141 个							
临沧市	323708	317713	39255	33260	14	333362	1
铜川市	743277	751322	90596	98641	2406	1741580	1
宝鸡市	1437802	1411266	207904	181368	3574	5428939	1
咸阳市	1146592	1084976	235109	173493	527	4029530	1
渭南市	877142	958530	99979	181367	44	1430194	1
延安市	475234	445158	174761	144685	36	1463850	1
汉中市	534923	535267	119551	119895	33	1110100	1
商洛市	531696	537014	42059	47377	24	675910	1
白银市	486799	487479	100954	101634	55	2045825	1
天水市	1197174	1306193	160555	269574	42	1805180	1
武威市	1010295	1021473	78886	90064	27	1496395	1
张掖市	507433	517694	78272	88533	34	934553	1
平凉市	504848	528330	42962	66444	20	726472	1
酒泉市	428346	407518	86780	65952	38	1326976	1
庆阳市	377528	365080	93775	81327	21	829218	1
定西市	420614	454346	45619	79351	23	325249	1
陇南市	555004	576892	41916	63804	14	488699	1
石嘴山市	472472	453882	150841	132251	94	2184904	1
吴忠市	544362	519631	114849	90118	28	715505	1
固原市	411854	431898	82310	102354	35	435405	1
中卫市	378606	391831	72260	85485	32	842096	1

注：地级市中不包括共青城市和拉萨市。总人口和迁入人口数据来自《中国 2010 年人口普查分县资料》，其余数据主要来自《中国城市年鉴》(2011)。另外，迁出量=迁入量-净迁移量=迁入量-（常住人口-户籍人口）。各城市的行政等级赋值为：直辖市=5，副省级省会城市=4，副省级非省会城市=3，非副省级省会城市=2，一般地级市=1。

资料来源：《中国 2010 年人口普查分县资料》和《中国城市年鉴》(2011)。

参考文献

[法] 皮埃尔—菲利普·库姆斯（Pierre-Philippe Combes）、[法] 蒂里·迈耶（Thierry Mayer）、[比] 雅克—弗朗索瓦·蒂斯（Jacques-François Thisse）：《经济地理学：区域和国家一体化》，安虎森等译，中国人民大学出版社 2011 [2008] 年版。

[美] 保罗·克鲁格曼（Paul Krugman）：《地理和贸易》，北京大学出版社、中国人民大学出版社 2000 年版。

[美] 布赖恩·贝利（Brian J.L. Berry）：《比较城市化——20 世纪的不同道路》，顾朝林等译，商务印书馆 2012 年版。

[美] 乔尔·科特金（Joel Kotkin）：《全球城市史》（修订版），王旭等译，社会科学文献出版社 2010 年版。

[美] 舒尔茨（Schultz，T. W.）：《人力资本投资》，商务印书馆 1990 年版。

[美] 威廉·阿隆索（Willian Alonso）：《区位和土地利用》，梁进社、李平和王大伟译，商务印书馆 2010 [1964] 年版。

[美] 雅各布·明塞尔：《劳动供给研究》，张凤林等译，中国经济出版社 2001 年版。

[日] 藤田昌久、[比] 雅克—弗朗科斯·蒂斯：《集聚经济学：城市、产业区位与区域增长》，刘峰张雁、陈海威译，西南财经大学出版社 2004 年版。

《南方都市报》特别报道组：《洪流：中国农民工 30 年迁徙史》，广东省出版集团花城出版社 2012 年版。

武超、李睿：《中国的人口增长与地区分布——对第六次人口普查相关数据的分析》，《中国人口年鉴》2011 年第 1 期。

武晓霞、任志成：《基于产业集聚的中国劳动力流动研究》，《南京审计学院学报》2007 年第 4 期。

安虎森、殷广卫：《循环因果、劳动力要素转移与中部地区发展》，《华中师范大学学报（人文社会科学版）》2008 年第 47 卷第 6 期。
鲍常勇：《中国 286 个地级及以上城市流动分布特征分析》，《人口研究》2007 年第 31 卷第 6 期。
蔡昉：《边缘化的外来劳动力》，《2004 中国改革论坛论文集》2004 年。
蔡昉：《人口转变、人口红利与刘易斯转折点》，《经济研究》2010 年第 4 期。
蔡昉、都阳：《迁移的双重动因及政策含义——检验相对贫困假说》，《中国人口科学》2012 年第 4 期。
蔡昉、都阳、王美艳：《劳动力流动的政治经济学》，上海三联书店、上海人民出版社 2003 年版。
蔡昉主编：《中国人口与劳动问题报告 No.6》，社会科学文献出版社 2005 年版。
蔡昉主编：《中国人口与劳动问题报告 No. 9》，社会科学文献出版社 2008 年版。
蔡昉主编：《中国人口与劳动问题报告 No.11》，社会科学文献出版社 2010 年版。
蔡昉主编：《中国人口与劳动问题报告 No.12》，社会科学文献出版社 2011 年版。
蔡昉主编：《中国人口与劳动问题报告 No.14》，社会科学文献出版社 2013 年版。
蔡昉：《中国流动人口问题》，社会科学文献出版社 2007 年版。
陈勇等：《城市规模分布的分形研究》，《经济地理》1993 年第 3 期。
陈丙欣、叶裕民：《中国流动人口的主要特征及对中国城市化的影响》，《城市问题》2013 年第 3 期。
陈大红：《农村劳动力迁移流动对中国经济增长的影响》，《经济研究导刊》2007 年第 7 期。
陈恩、于绯：《劳动力流动与区域收入差距：基于新古典经济学与新经济地理学范式下的研究》，《江西社会科学》2012 年第 2 期。
陈伟民、蒋华园：《城市规模效益及其发展政策》，《财经科学》2000 年第 4 期。
陈耀：《优化区域布局　统筹区域发展》，《人民日报》2010 年 8 月 2 日。
池建等：《精通 ArcGis 地理信息系统》，清华大学出版社 2011 年版。
代富强、吕志强、周启刚：《生态承载力约束下的重庆市适度人口规模情景预测》，《人口与经济》2012 年第 5 期。
丁守海：《农民工工资与农村劳动力转移：一项实证分析》，《中国农村经济》2006 年第 4 期。
段成荣、吕利丹、邹湘江：《当前中国流动人口面临的主要问题和对策——基于 2010 年第六次全国人口普查数据的分析》，《人口研究》2013 年第 37 卷第 2 期。
段成荣、杨舸：《中国流动人口的流入地分布变动趋势研究》，《人口研究》2009 年第 31 卷第 6 期。
段晋苑：《移民限制、人口城乡迁移与城市化模式》，博士学位论文，暨南大学，2010 年。
范剑勇、王立军、沈林洁：《产业集聚与农村劳动力的跨区域流动》，《管理世界》2004 年第 4 期。
高铁梅主编：《计量经济分析方法与建模》（第二版），清华大学出版社 2009 年版。
顾佳峰：《经济发展与劳动力迁徙的空间实证研究》，《人口与经济》2007 年第 6 期。
官锡强：《基于马斯洛需求理论视角的新型城镇化的农业转移人口市民化的发展》，中国第五次人的发展经济学研讨会参会论文，北京，2013 年。
郭云：《四川省人口迁移流动与经济发展问题研究》，硕士学位论文，西南财经大学，2013 年。
国家人口和计划生育委员会流动人口服务管理司编：《中国流动人口发展报告》，中国人口出版社 2010 年版。
国家人口和计划生育委员会流动人口服务管理司编：《中国流动人口发展报告》，中国人口出版社 2011 年版。
国家人口和计划生育委员会流动人口服务管理司编：《中国流动人口发展报告》，中国人口出版社 2012 年版。
国家卫生和计划生育委员会流动人口司编：《中国流动人口发展分省报告》，中国人口出版社 2013 年版。
国家卫生和计划生育委员会流动人口司编：《中国流动人口发展报告》，中国人口出版社 2014 年版。
国务院发展研究中心课题组：《农民工市民化进程的总体态势与战略取向》，《改革》2011 第 5 期。

国务院人口普查办公室、国家统计局人口和就业统计司编:《中国2010 年人口普查分县资料》，中国统计出版社 2012 年版。

和春雷、陈小琴:《农村劳动力迁移——微观行为与宏观绩效的初步分析》，《经济改革》1996 年第 2 期。

侯学英:《当前中国城市贫困问题研究的评述与展望》，《现代城市研究》2014 年第 3 期。

焦克源、张彦雄、张婷:《后金融危机时期“民工荒”问题解析——基于哈里斯·托达罗模型的证解》，《经济管理》2011 第 33 卷第 9 期。

金相郁:《最佳城市规模理论与实证分析：以中国三大直辖市为例》，《上海经济研究》2004 年第 7 期。

李芬:《异质性劳动力流动与中国地区收入差距：理论与实证》，博士学位论文，浙江大学，2008 年。

李恒:《产业集聚与农村剩余劳动力转移：转移能力、转移模式与绩效评价》，《河南大学学报（社会科学版）》2008 年第 3 期。

李建平、邓翔:《劳动力迁移的动因和政策影响分析》，《经济学家》2012 年第 10 期。

李靖、谭清美、白俊红:《中国区域创新生产的空间计量分析——基于静态与动态空间面板模型的实证研究》，《管理世界》（月刊）2010 年第 7 期。

林光平、龙志和、吴梅:《中国地区经济收敛的空间计量实证分析：1978~2002 年》，《经济学（季刊）》2005 年第 4 卷增刊。

马达祖姆·D.:《发展中国家农村向城市移民》，载［美］埃得温·S. 米尔斯主编《区域和城市经济学手册》第 2 卷，郝寿义、徐鑫、孙兵等译，经济科学出版社 2003 年版，第 28 章。

刘小年:《农民工市民化：路径，问题与突破——来自中部某省农民进城的深度访谈》，《经济问题探索》2009 年第 9 期。

刘妮娜、刘诚:《人口有序流动与有质量的城镇化》，《经济体制改革》2013 年第 6 期。

刘爱梅、杨德才:《城市规模资源配置与经济增长》，《当代经济科学》2011 年第 33 卷第 1 期。

刘爱梅:《中国城市规模两极分化的现状与原因》，《城市问题》2011 年第 4 期。

刘傅:《农村劳动力迁移的人力资本集聚效应研究》，《西北农林科技大学学报（社会科学版）》2012年第5期。
刘妙龙、陈雨、陈鹏、陈捷：《基于等级钟理论的中国城市规模等级体系演化特征》，《地理学报》2008年第63卷第12期。
刘盛和、邓羽、胡章：《中国流动人口地域类型的划分空间分布特征》，《地理学报》2010年第65卷第10期。
刘永亮：《中国城市规模经济的动态分析》，《经济学动态》2009年第7期。
刘永亮：《置疑中国最优城市规模》，《城市规模》2011年第5期。
刘玉：《中国流动人口的时空特征及其发展态势》，《中国人口·资源与环境》2008年第18卷第1期。
吕晨、孙威：《人口集聚区吸纳人口迁入的影响因素——以东莞市为例》，《地理科学进展》2014年第33卷第5期。
吕作奎、王铮：《中国城市规模分布及原因分析》，《现代城市研究》2008年第6期。
梅燕：《农村劳动力区域性流动特征及其对粮食供求格局的影响》，《中国人口科学》2010年第2期。
庞丽华：《多层次分析方法在人口迁移研究中的应用——省际劳动力迁移的多层次分析》，《中国农村观察》2001年第2期。
戚颖颖、陶玉龙：《生态足迹视角下的适度人口规模研究：以上海市为例》，《经济与法》（1月下）2014年总第305期。
秦尊文：《论城市规模政策与城市规模效益》，《经济问题》2003年第10期。
饶会林、丛屹：《再谈城市规模效益问题》，《财经问题研究》1999年第10期。
任吉：《二元经济视角下中国劳动力的迁移状况及原因》，《学术论坛》2013年12月。
沈体雁、冯等田、孙铁山：《空间计量经济学》，北京大学出版社2010年版。
石忆邵：《城市规模与“城市病”思辨》，《城市规划汇刊》1998年第5期。
孙三百、黄薇、洪俊杰：《劳动力自由迁移为何如此重要？——基于收入流动的视角》，《经济研究》2012年第5期。
藤田昌久、保罗·克鲁格曼、安东尼·J. 维纳布尔斯：《空间经济学——城市、区域与国际贸易》，梁琦主译，中国人民大学出版社2003年版。
佟文英：《劳动力迁移政策的演变及其对中国农村经济的影响》，《新农村建设》2009年第6期（下）。
王春兰、杨上广：《中国区域发展与人口再分布新态势》，《地域研究与开发》

2014 年第 33 卷第 1 期。

王春蕊：《禀赋、有限理性与农村劳动力迁移行为研究》，博士学位论文，西南财经大学，2010 年。

王国霞、秦志琴、程丽琳：《20 世纪末中国迁移人口空间分布格局——基于城市的视角》，《地理科学》2012 年第 32 卷。

王克亚：《河南省农村人口流动及其对流出地经济发展的影响研究》，博士学位论文，河南大学，2009 年。

王宁：《空间缺陷与特大城市城市病治理》，《区域经济评论》2015 年第 1 期。

王守坤：《空间计量模型中权重矩阵的类型与选择》，《经济数学》2013 年第 30 卷第 3 期。

王小鲁：《中国城市化路径与城市规模的经济学分析》，《经济研究》2010 年第 10 期。

王小鲁、夏小林：《优化城市规模推动经济增长》，《经济研究》1999 年第 9 期。

王业强：《倒“U”型城市规模效率曲线及其政策含义——基于中国地级以上城市经济、社会和环境效率的比较研究》，《财贸经济》2012 年第 11 期。

王章辉、黄柯可主编：《欧美农村劳动力的转移与城市化》，社会科学文献出版社 1999 年版。

韦倩、陈言、张红凤、张蕴萍：《二元转型过程中的劳动力迁移与经济增长》，《制度经济学研究》2009 年第 4 期。

魏后凯 a：《中国城镇化进程中两极化倾向与规模格局重构》，《中国工业经济》2014 年第 3 期。

魏后凯 b：《中国城市行政等级与规模增长》，《城市与环境研究》2014 年第 1 期。

魏后凯主编：《现代区域经济学》（修订版），经济管理出版社 2011 年版。

魏后凯主编 c：《走中国特色的新型城镇化道路》，经济科学文献出版社 2014 年版。

吴海民：《中国刘易斯转折点的新检验——基于 1990~2010 年农业和工业部门劳动边际生产率的考察》，《贵州财经学院学报》2012 年第 3 期。

吴红宇：《农民收入与迁移动机的计量研究》，《农业技术经济》2008 年第 2 期。

肖文韬、孙细明：《托达罗人口流动行为模型的一个修正及其新解释》，《财经理论与实践》2013 年第 1 期。
谢文蕙、邓卫：《城市经济学》，清华大学出版社 1996 年版。
徐博、庞德良：《增长与衰退：国际城市收缩问题研究及对中国的启示》，《经济学家》2014 年第 4 期。
许抄军、罗能生、吕渭济：《基于资源消耗的中国城市规模研究》，《经济学家》2008 年第 4 期。
许召元：《区域间劳动力迁移对经济增长和地区差距的影响》，博士学位论文，北京大学，2007 年。
严超、常志霄：《中国省际劳动力迁移对地区经济增长的影响研究——基于 1995~2005 年数据的实证分析》，《经济科学》2011 年第 6 期。
叶裕民、黄壬侠：《中国流动人口特征与城市化政策研究》，《中国人民大学学报》2004 年第 2 期。
易苗、周申：《经济开放对国内劳动力流动影响的新经济地理学解析》，《现代财经》2011 年第 3 期。
余吉祥、沈坤荣：《跨省迁移、经济集聚与地区差距扩大》，《经济科学》2013 年第 2 期。
余吉祥、周光霞、段玉彬：《中国城市规模分布的演进趋势研究——基于全国人口普查数据》，《人口与经济》2013 年第 2 期。
余吉祥、周光霞、闫富雄：《劳动力流动与城市规模分布——以珠三角城市群为例的研究》，《西北人口》2013 年第 34 卷第 5 期。
余宇新、张平：《资本积累视角下中国刘易斯拐点的实证研究》，《商业经济与管理》2012 年第 9 期。
余宇莹、余宇新：《中国地级城市规模分布与集聚效应实证研究》，《城市问题》2012 年第 7 期。
袁正、郑勇、韩骁：《城市规模与居民幸福感的关系》，《城市问题》2012 年第 5 期。
约翰·伊特韦尔、默里·米尔盖特、彼得·曼：《新帕尔格雷夫经济学大词典》（第一卷、第四卷），经济科学出版社 1992 年版。
岳锋利：《中国快速城市化进程中农村劳动力转移及其经济效应研究》，博士学位论文，首都经济贸易大学，2012 年。
翟振武、侯佳伟：《北京市外来人口聚集区：模式和发展趋势》，《人口研究》2010年第34卷第1期。
张东晓、余晓彤:《论劳动力迁移模型在中国农村劳动力转移应用中的局限性》,《漯河职业技术学院学报》2014年第13卷第1期。
张帆、王新心:《城市适度人口规模研究》,《中国环境管理干部学院学报》2001年第2期。
张付娟、刘科伟、高微微、方蕾:《陕西省流动人口的空间分布及其影响因素——基于第六次人口普查的研究》,《宁夏大学学报(自然科学版)》2013年第34卷第4期。
张明如:《具有内生劳动力迁移的经济增长模型》,《南京财经大学学报》2005年第2期。
张文武:《劳动力流动与产业空间结构》,博士学位论文,南京大学,2011年。
张展新、杨思思:《流动人口研究中的概念、数据及议题综述》,《中国人口科学》2013年第6期。
赵宝廷、路卓铭:《迁移成本、税收政策与产业集聚的稳定性分析》,《求索》2008年第12期。
周一星:《城市经济学》,商务印书馆1995年版。
张晓峒a:《应用数量经济学》,机械工业出版社2009年版。
张晓峒b:《Eviews使用指南与案例》,机械工业出版社2009年版。
朱传耿等:《中国流动人口的影响要素与空间分布》,《地理学报》2001年第56卷第5期。
邹璇:《要素流动、产业转移与经济增长》,博士学位论文,南开大学,2009年。
Abdel-Rahman, H. and Fujita, M., "Product variety, Marshallian externalities and city sizes", *Journal of Regional Science*, Vol.30, No.2, 1990, pp. 165-183.
Alonso, W., "The economics of urban size", *Papers in Regional Science*, Vol.26, No.1, 1971, pp.67-83.
Anas, A., "Dynamics of urban residential growth", *Journal of Urban Economics*, Vol.5, No.1, 1978, pp.66-87.
Anselin, L., "Exploring spatial data with GeoDa: a workbook", Center for Spatially Integrated Social Science, 2005, http://www.csiss.org/.
Anselin, L., Varga, A. and Acs, Z., "Local geographic spillovers between

university research and high technology innovations", *Journal of Urban Economics*, Vol.42, 1997, pp.422–448.

Au, C.C.and Henderson, V., "How migration restriction limit agglomeration and productivity in China", *Journal of Development Economics*, Vol.80, 2006, pp.350–388.

Bates D., "Environmental refugees? Classifying human migrations caused by environmental change", *Population and Environment*, No.23, 2002, pp. 465–477.

Beckmann, M. J., "City hierarchies and the distribution of city size", *Economic Development and Cultural Change*, Vol.6, No.3 (Apr.), 1958, pp.243–248.

Beckmannn, M. J. and McPherson, J.C., "City size distribution in a central place hierarchy: an alternative approach", *Journal of Regional Science*, Vol.10, No.1, 1970, pp.25–33.

Beguin, H., "City–size distribution and central place models: a suggestion", *Journal of Regional Science*, Vol.22, No.2, 1982, pp. 225–239.

Bertoli, S., Moraga, J.F. and Ortega, F., "Immigration policies and the Ecuadorian exodus", *The World Bank Economic Review*, Vol.25, No.1, 2011, pp.57–76.

Benhabib, J. and Spiegel, M. M., "The role of human capital in economic development: evidence from aggregate cross–country data", *Journal of Monetary Economics*, Vol.34, 1994, pp.143–173.

Berry, B.J.L. and Garrison, W.L., "The functional bases of the central place hierarchy", *Economic Geography*, Vol.34, No.2, 1958, pp.145–154.

Berry, B. J. L., "City size distributions and economic development", *Economic Development and Cultural Change*, Vol.9, No.4, Part 1, 1961, pp.573–588.

Black, D. and Henderson, V., "Urban evolution in the USA", *Journal of Economic Geography*, Vol.3, 2003, pp.343–372.

Borjas J. G., "Native internal migration and the labor market impact of immigration", *The Journal of Human Resources*, Vol.41, No.2, 2006, pp.221–258.

Brueckner, J. K. and Fansler, D. A., "The economics of urban sprawl: theory and evidence on the spatial sizes of cities", *The Review of Economics and Statistics*, Vol.65, No.3, 1983, pp.479–481.

Carroll G. R., "National city-size distributions: what do we know after 67 years of research?", *Progress in Human Geography*, No.6, 1982, pp.1–43.

Capello, R. and Camagni, R., "Beyond optimal city size: an evaluation of alternative urban growth patterns", *Urban Studies*, Vol.37, No.9, 2000, pp.1479–1496.

Cecile Detang-Dessendre et al., "Life cycle variability in the microeconomic determinants of urban-rural migration", *Population* (English Edtion, 2002), Vol.57, No.1, pp.31–56.

Chipman, J. S., "External economies of scale and competitive equilibrium", *Quarterly Journal of Economics*, Vol.84, 1970, pp.347–385.

Cordey-Hayes, M. and Gleave, D., "Migration movements and the differential growth of city regions in England and Wales", *Papers of The Regional Science Association*, Vol.33, 1974, pp.99–123.

Duranton, G. and Puga, D., "Micro-foundations of urban agglomeration economies", *NBER Working Paper*, No.9931, 2003.

Détang-Dessendre, C., "Life cycle variability in the microeconomic determinants of urban-rural migration", Population, Vol.57, 2002, pp.31–56.

Eaton, J. and Eckstein, Z., "Cities and growth: theory and evidence from France and Japan", *Regional Science and Urban Economics*, Vol.27, 1997, pp.443–474.

Eeckhout, J., "Gibrat's law for (all) cities", *The American Economic Review*, Vol.94, No.5, 2004, pp.1429–1451.

Fan, C. C., "Migration and labor-market returns in urban China: results from a recent survey in Guangzhou", *Environment and Planning* A, Vol.33, No.3, 2001, pp.479–508.

Fan, C. M. and Stark, O., "Rural-to-urban migarion, human capital, and agglomeration", *Journal of Economic Behavior & Organization*, Vol.68, 2008, pp.234–247.

Fu, Y.M. and Gabriel, S. A., "Labor migration, human capital agglomeration and regional devekopment in China", *Regional Science and Urban Economics*, Vol.42, 2012, pp.473–484.

Fujita, M., Krugman, P. andMori, T., "On the evolution of hierarchical urban systems", *European Economic Review*, Vol.43, 1999, pp.209–251.

Forslid R., and Ottaviano G. I. P., "An analytically solvable core-periphery model", *Journal of Economic Geography*, Vol.3, No.3, 2003, pp.229–240.

Gabaix, X., "New ideas on economic growth: Zipf's law and the growth of cities", *The American Economic Review*, Vol.89, No.2, 1999, pp.129–132.

Glenn, R. C., "National city-size distributions: what do we know after 67 years of research?", *Progress in Human Geography*, Vol.6, 1982, pp.1–43.

Haran, E. G. P. and Vining, Jr. D. R., "A modified Yule-Simon model: allowing for intercity migration and accounting for the observed form of the size distribution of cities", *Journal of Regional Science*. Vol.13, No.3, 1973, pp.421–437.

Henderson, J.V., *Urban development: theory, fact, and illusion*, New York: Oxford University Press, 1988.

Henderson, J.V. and Wang, H.G., "Urbanization and city growth: the role of institutions", *Regional Science and Urban Economics*, Vol.37, 2007, pp.283–313.

Ioannides, Y. M. andOverman, H.G., "Zipf's law for cities: an empirical examination", *Regional Science and Urban Economics*, Vol.33, 2003, pp.127–137.

Jacobs, J., The economy of cities, New York: Random House, 1970.

Krugman, P., "Innovation and agglomeration: two parables suggested by city-size distributions", *Japan and the World Economy*, Vol.7, 1995, pp.371–390.

Krugman, P., "Increasing returns and economic geography", *NBER Working Paper*, 3275, 1990.

Lall, S. V., Selod, H. and Shalizi, Z., "Rural-urban migration in developing countries: a survey of theoretical predictions and empirical findings", *World Bank Policy Research* Working Paper 3915, 2006, May.

Ledyaeva, S., " Spatial econometric analysis of foreign direct investment determinants in Russian regions" , *The World Economy*, Journal compilation© Blackwell Publishing Ltd, 2009.

Lewis, W. A., " Economic development with unlimited supplies of labour" , *The Manchester School*, Vol.22, No.2, 1954, pp.139–191.

Lee B. S., Chun S. E, and Kim S. Y., "The effects of regional characteristics on population growth in Korean cities, counties and wards" , *Journal of Asian Economics*, No.18, 2007, pp.490–508.

Linsky A. S., "Some generalization concerning primate cities", *Annals of the Association of American Geographers*, Vol.55, No.3, 1965, pp.506–510.

Mathur, V., " Human capital –based strategy for fegional economic development" , *Economic Development Quarterly*, Vol.13, No.3, 1999, pp.203–216.

Matthei, L.M., " Gender and international labor migration: a networks approach", *Social Justice*, Fall, Vol.23, No.3, 1996, pp.38–53.

Mirrlees, J. A., " The optimum town" , *The Swedish Journal of Economics*, Mar, Vol.74, No.1, 1972, pp.114–135.

Miyao T. and Shapiro P., "Dynamics of rural–urban migration in a developing economy", *Environment and planning*, Vol.11, No. 10, 1979, pp.1157–1163.

Mumphrey Jr, A.J. and Whalen Jr, T.F., " Economic growth, lifestyle preferences, and urban size" , *Urban Ecology*, Vol.2, 1977, pp.259–278.

Okabe, A., " An expected rank–size rule: a theoretical relationship between the rank size rule and city size distributions", *Regional Science and Urban Economics*, Vol.9, 1979, pp. 21–40.

Oliver, P. and Lesage, J. P., "Using the variance structure of the conditional autoregressive spatial specification to model knowledge spillovers", *Journal of Applied Econometrics*, Vol.23, 2008, pp.235–256.

Peters, G.L. P. and LarkinR. P., Population geography (third vertion), Dubuque

Lowa: Kendall/Hunt Publishing Company, 1989.

Parr, C. B., " City hierarchies and the distribution of city size: a reconsideration of Beckmann's contribution", *Journal of Regional Science*, Vol.9, No.2, 1969, pp.239-253.

Parr, J. B., "Models of the central place system: a more general approach", *Urban Studies*, Vol.15, 1978, pp.35-49.

Pons, J., Paluzie, E., Silverstre, J. and Tirado, D. A., "Testing the new Economic geography: migrations and industrial agglomerations in Spain", *Journal of Regional Science*, Vol.47, No.2, 2007, pp.289-313.

Puga, D., "Urbanization patterns: European versus less developed countries", *Journal of Regional Science*, Vol.38, No.2, 1998, pp.231-252.

Puga V., " Agglomeration and economic development: Import Substitution vs. trade liberalization", *The Economic Journal*, Vol.109, No.455, 1999, pp.292-311.

Rashevsky, N., "Contributions to the theory of human relations: outline of a mathematical theory of the sizes of cities", *Psychometrika*, Vol.8, No.2, 1943, pp.87-90.

Rauch, J.E., " Productivity gains from geographic concentration of human capital: evidence form the cities", Journal of Urban Economics, Vol.34, 1993, pp.380-400.

Ravenstein, E. G., "The law of migration". *Journal of the Statistical Society of London*, Vol.48, No.2, 1885, pp.167-235.

Rey, S. J. and Montouri, B, D., "US regional income convergence: a spatial econometric perspective", *Regional studies*, Vol.33, 1999, pp.143-156.

Richardson, H. W., " Optimality in city size, systems of cities and urban policy: a skeptic's view", *Urban Stud*, Vol.9, 1972, pp.29-48.

Rosenthal, S. S. and Strange, W. C., " The attenuation of human capital spillovers", *Journal of Urban Economics*, Vol.64, 2008, pp.373-389.

Sasaki, K., "A comparative static analysis of urban structure in the setting of endogenous income", *Journal of Urban Economics*, Vol.22, No.1, 1987, pp.53-72.

Schultz, P. T., " Lifetime migration within educational strata in Venezuela:

estimates of a logistic model", *Economic Development ad Cultural Change*, Third World Migration and Urbanization: A symposium (Apr.), Vol.30, No.3, 1982, pp.559–593.

Semboloni, F., "Hierarchy, cities size distribution and Zipf's law", *The European Physical Journal B*, Vol.6, 2008, pp.295–301.

Sheppard, E., "City size distributions and spatial economic change". *International Regional Science Review*, Vol.7, No.2, 1972, pp.127–151.

Simon, C. J. and Nardinelli, C., "Human capital and the rise of American cities, 1900–1990", *Regional Science and Urban Economics*, Vol.32, 2002, pp.59–96.

Simon H. A., "On a class of skew distribution functions", *Biometrika*, Vol. 42, No.3/4 (Dec.), 1955, pp.425–440.

Song, S. F. and Zhang, K.H., "Urbanization and city size distribution in China", *Urban Studies*, Vol.39, No.12, 2002, pp.2317–2327.

Tamura, R., "Human capital and economic development", *Journal of Development Economics*, Vol.79, 2006, pp.26–72.

Tamura, R., "Human capital and the switch from agriculture to industry", *Journal of Economics & Control*, Vol.27, 2002, pp.207–242.

Todaro, M. P., "A model of labor migration and urban unemployment in less developed countries", *The American Economic Review*, Vol.59, No.1, 1969, pp.138–148.

Vanderkamp J. "Migration flows, their determinants and the effects of return migration", *Journal of Political Economy*, Vol.79, No.5, 1971, pp. 1012–1031.

Weber, N. V., "A comparison of the central place hierarchy pattern of central Indiana to the Walter Christaller model", *Proceedings*, Indiana Academy of Science, Vol.79, 1969, pp.325–332.

Wheaton, W.C., "A comparative static analysis of urban spatial structure". *Journal of Economic Theory*, Vol.9, 1974, pp.223–237.

Yankow, J.J., "Why do cities pay more? An empirical examination of some competing theories of the urban wage premium", *Journal of Urban Economics*, Vol.60, No.2, 2006, pp.139–161.

Zaiontchkovskaya Zh. A. and Nozdrina, N. N., "The migration experience of the population of Russian regional Centers, Based on a Sociological Survey in 10 cities", *Studies on Russian Economic Development*, Vol.19, No. 4, 2008, pp.395-404.

索　引

K

L

N

Q

R

S

T

W

X

Y

Z

后 记

本书是在本人博士论文的基础上修改完成的。在此，首先要感谢我的博导——中国社会科学院农村发展研究所所长魏后凯研究员。在论文写作期间，导师的提点犹如海上灯塔。在我找不到数据几乎陷入绝境时，是导师的帮助才使我没有因为找不到数据而延期毕业。导师是一个比较严谨的人，在平常的课题讨论中，一些学术规范如标点、图表方面的问题都会给我指点出来。老师分析问题时高屋建瓴，总能抓住问题的关键，令我茅塞顿开。要特别感谢导师没有因我博士期间结婚生子而对我施加压力，导师的宽容让我自己不敢有一丝懈怠。

还要感谢我的硕导——经济所的裴小革研究员。在博士入学前，为了让我提前适应从理论经济学到应用经济学的转变，他特意帮我联系了经济所的国情调研，让我跟着去锻炼学习。也正是这次调研中的收获成了本书行文的一个突破口。还要感谢我现在的博士后导师——中国社会科学院工经所陈耀研究员，他在学术研究上给予了我悉心的指导。另外，还要感谢几位同门师兄，包括中国社会科学院农发所的刘长全研究员、城环所的王业强研究员和渠涛博士后，以及工经所的吴利学研究员。他们对我的论文提出了宝贵修改意见，这些意见让我对文章有了一个更为清醒的认识。感谢城环所的武占云助理研究员和胡浩博士后，对我在应用地理制图软件时给予的指导。感谢城环所的郭叶波和白联磊两位博士师兄，对我开题寻找思路及找工作问题上给予的诚恳意见。感谢城环所的张晓梅和倪艳亭两位博士，我们相守三年，有了你们的陪伴，我的博士生活才不单调。感谢城环所的单菁菁研究员、苏红健副研究员、宋迎昌研究员、王业强研究员在我做开题报告时给予的宝贵建议；另外，在一起做课题时我也从诸位老师身上学到了很多东西。感谢城环所的韩振宇博士、朱焕焕博士、耿亚楠硕士、王黎明硕士，以及已经毕业离开城环所的侯晓菲博士、裴雪姣博士、谭晓军硕士、梁尚鹏硕士，以及一些我没有记住姓名的同学们，感谢你们在我博士期间对我生活及怀孕在校期间的帮助，你们让我觉得自己拥有很强大的支撑力量，感谢城环所大家庭。也要感谢社科院经济研究所的几位同伴，有了你们的坚持，才能够延续读硕士时几位师兄们努力形成的学术研究氛围，大家一起去探讨学术问题。最后，还要感谢我的家人在背后的默默付出。

书稿能够完成，博士生涯能够过得这么充实，要感谢所有关心我、爱我的人，以及经济管理出版社对书稿出版给予的大力支持。

王　宁

2017 年 7 月 24 日

专家推荐表

第六批《中国社会科学博士后文库》专家推荐表 1			
推荐专家姓名	陈耀	行政职务	主任
研究专长	区域经济、产业空间组织和政府政策	电　　话	
工作单位	中国社会科学院工业经济研究所	邮　　编	
推荐成果名称	基于劳动力迁移的城市规模增长研究		
成果作者姓名	王宁		

（对书稿的学术创新、理论价值、现实意义、政治理论倾向及是否达到出版水平等方面做出全面评价，并指出其缺点或不足）

本书稿从人口规模的角度来分析城市规模增长问题，并结合中国城市规模增长的实际，即人口自然增长已不是唯一及最主要的动力来源，从劳动力迁移动机的角度来考察我国城市人口规模增长问题。通过将效用（福利）提升作为劳动力迁移的目的，构造基于劳动力迁移的城市人口规模增长模型。在基本模型的基础上，放松同质劳动力的假设，区分出高人力资本与低人力资本劳动力，推论表明，城市想要吸引这些高人力资本劳动力的迁入，就必须提供更高的收入，或说以收入表征的福利效用水平。书稿从理论与实证、微观与宏观视角结合的方式对中国的城市规模增长问题进行探讨，具有重要的创新与理论价值。因为，只有了解城市人口规模增长的微观基础，才能更好地把握城市规模增长的规律与机制。

城市规模相关理论多基于发达国家的实践，而像中国这样不仅面临着经济体制、经济结构的转型，还有政府职能和政策导向转变的转型国家，城市规模增长有着自身的特殊性。研究我国的城市规模增长问题，对深化有关的理论是一个很好的契机。

通过分析劳动力迁移动机的变化，为把握城市规模增长的规律提供了重要依据。劳动力迁移动机的变化，代表着其对城市选择的方向或说倾向，进而对城市管理者或说地方政府提出了新的要求。讨论城市的规模增长问题，不仅是因为城市的可持续发展有利于保障城市居民的切身利益；对于城市政府来说，坚实的理论基础是城市科学、前瞻规划的前提。

讨论城市规模问题并不是为了找到一个不断变动的城市规模数量或区间，城市的规模增长及城市的规模分布受城市的功能定位、产业结构布局、资源环境及政策等多重因素影响，因而，必须在考虑城市规模绝对量的同时，结合相对规模增长来全面把握城市人口与经济、社会、资源与环境等之间有相互关系。唯有如此才能真正有助于实现城市发展的有效规模，从而推进城市的健康、可持续发展。

由于使用“六普”数据难以反映近些年城市规模变化，如果能够有相关数据可得，建议更新。以后可以增加国际城市规模的比较，使得研究结论更具说服力。

本书稿用马克思主义分析方法和城市经济学理论探讨城市规模问题，具有重要理论和实践指导意义，达到出版水平，特予郑重推荐。

签字：

2017 年 1 月 17 日

说明：该推荐表由具有正高职称的同行专家填写。一旦推荐书稿入选《博士后文库》，推荐专家姓名及推荐意见将印入著作。

<table>
<tr><th colspan="4">第六批《中国社会科学博士后文库》专家推荐表 2</th></tr>
<tr><td>推荐专家姓名</td><td>魏后凯</td><td>行政职务</td><td>所长</td></tr>
<tr><td>研究专长</td><td>城镇化、区域与城乡发展、城乡一体化、区域政策、经济增长与地区差异、外商投资区位、企业迁移、产业组织、产业集群、产业布局、区域规划、资源与环境经济等</td><td>电　　话</td><td></td></tr>
<tr><td>工作单位</td><td>中国社会科学院农村发展研究所</td><td>邮　　编</td><td></td></tr>
<tr><td>推荐成果名称</td><td colspan="3">基于劳动力迁移的城市规模增长研究</td></tr>
<tr><td>成果作者姓名</td><td colspan="3">王宁</td></tr>
</table>

(对书稿的学术创新、理论价值、现实意义、政治理论倾向及是否达到出版水平等方面做出全面评价，并指出其缺点或不足)

2011 年中国的城镇化水平超过 50%，目前已超过 56%，人口自然增长已不是唯一及最主要的动力来源，从迁移的角度来考察中国城市人口规模增长问题，探讨城市规模增长问题，具有很强的现实意义。

该书稿尝试将理论与实证、微观与宏观分析相结合，对中国的城市规模增长问题进行探讨。将效用（福利）提升（而非简单的收入增长）作为劳动力迁移的目的，构造基于劳动力迁移的城市人口规模增长模型。在基本模型的基础上，放松同质劳动力的假设，区分出高人力资本与低人力资本劳动力，推论表明，城市想要吸引这些高人力资本劳动力的迁入，就必须在就业机会与城市社会公共服务等多方面着力。另外，书稿对劳动力迁移动机变化的论证，奠定了全文分析的微观基础，也为把握城市规模增长的规律提供了重要依据。因为劳动力迁移动机的变化，代表着其对城市选择的方向或说倾向，也必将影响城市规模增长及城市规模体系，也对城市管理者或说地方政府提出了新的要求。

讨论城市的规模增长问题，不仅是因为城市的可持续发展有利于保障城市居民的切身利益；对于城市政府来说，坚实的理论基础是城市科学、前瞻规划的前提。只有了解城市人口规模增长的微观基础，才能更好地把握城市规模增长的规律与机制。城市规模相关理论多基于发达国家的实践，而像中国这样不仅面临着经济体制、经济结构的转型，还有政府职能和政策导向转变的转型国家，城市规模增长有着自身的特殊性。而本书稿将经济理论与中国的实际情况相结合，进行系统的分析，具有创新意义，有助于深化相关理论。

该书稿的研究表明，讨论城市规模问题并不是为了找到一个不断变动的城市规模数量或区间，城市的规模增长及城市的规模分布受城市的功能定位、产业结构布局、资源环境及政策等多重因素影响，因而，必须在考虑城市规模绝对量的同时，结合相对规模增长来全面把握城市人口与经济、社会、资源与环境等之间有相互关系。唯有如此才能真正有助于实现城市发展的有效规模，从而推进城市的健康、可持续发展。在中国当前城镇化进入新阶段的背景下，这些结论具有较强的现实意义。

该书稿强调"人"在城市发展中的地位与作用，分析全面、层次清晰，政治理论倾向明确。当然因数据可得性问题，使文章的分析存在一定欠缺。但总体来看，达到出版要求，特予推荐。

签字：

2017 年 1 月 18 日

说明： 该推荐表由具有正高职称的同行专家填写。一旦推荐书稿入选《博士后文库》，推荐专家姓名及推荐意见将印入著作。

经济管理出版社
《中国社会科学博士后文库》
成果目录

第一批《中国社会科学博士后文库》(2012 年出版)		
序号	书　名	作　者
1	《"中国式"分权的一个理论探索》	汤玉刚
2	《独立审计信用监管机制研究》	王　慧
3	《对冲基金监管制度研究》	王　刚
4	《公开与透明：国有大企业信息披露制度研究》	郭媛媛
5	《公司转型：中国公司制度改革的新视角》	安青松
6	《基于社会资本视角的创业研究》	刘兴国
7	《金融效率与中国产业发展问题研究》	余　剑
8	《进入方式、内部贸易与外资企业绩效研究》	王进猛
9	《旅游生态位理论、方法与应用研究》	向延平
10	《农村经济管理研究的新视角》	孟　涛
11	《生产性服务业与中国产业结构演变关系的量化研究》	沈家文
12	《提升企业创新能力及其组织绩效研究》	王　涛
13	《体制转轨视角下的企业家精神及其对经济增长的影响》	董　昀
14	《刑事经济性处分研究》	向　燕
15	《中国行业收入差距问题研究》	武　鹏
16	《中国土地法体系构建与制度创新研究》	吴春岐
17	《转型经济条件下中国自然垄断产业的有效竞争研究》	胡德宝

第二批《中国社会科学博士后文库》(2013 年出版)		
序号	书　名	作　者
1	《国有大型企业制度改造的理论与实践》	董仕军
2	《后福特制生产方式下的流通组织理论研究》	宋宪萍

续表

第二批《中国社会科学博士后文库》（2013 年出版）		
序号	书　名	作　者
3	《基于场景理论的我国城市择居行为及房价空间差异问题研究》	吴　迪
4	《基于能力方法的福利经济学》	汪毅霖
5	《金融发展与企业家创业》	张龙耀
6	《金融危机、影子银行与中国银行业发展研究》	郭春松
7	《经济周期、经济转型与商业银行系统性风险管理》	李关政
8	《境内企业境外上市监管若干问题研究》	刘　轶
9	《生态维度下土地规划管理及其法制考量》	胡耘通
10	《市场预期、利率期限结构与间接货币政策转型》	李宏瑾
11	《直线幕僚体系、异常管理决策与企业动态能力》	杜长征
12	《中国产业转移的区域福利效应研究》	孙浩进
13	《中国低碳经济发展与低碳金融机制研究》	乔海曙
14	《中国地方政府绩效评估系统研究》	朱衍强
15	《中国工业经济运行效益分析与评价》	张航燕
16	《中国经济增长：一个“被破坏性创造”的内生增长模型》	韩忠亮
17	《中国老年收入保障体系研究》	梅　哲
18	《中国农民工的住房问题研究》	董　昕
19	《中美高管薪酬制度比较研究》	胡　玲
20	《转型与整合：跨国物流集团业务升级战略研究》	杜培枫

第三批《中国社会科学博士后文库》（2014 年出版）		
序号	书　名	作　者
1	《程序正义与人的存在》	朱　丹
2	《高技术服务业外商直接投资对东道国制造业效率影响的研究》	华广敏
3	《国际货币体系多元化与人民币汇率动态研究》	林　楠
4	《基于经常项目失衡的金融危机研究》	匡可可
5	《金融创新及其宏观效应研究》	薛昊旸
6	《金融服务县域经济发展研究》	郭兴平
7	《军事供应链集成》	曾　勇
8	《科技型中小企业金融服务研究》	刘　飞

续表

第三批《中国社会科学博士后文库》（2014年出版）		
序号	书　名	作　者
9	《农村基层医疗卫生机构运行机制研究》	张奎力
10	《农村信贷风险研究》	高雄伟
11	《评级与监管》	武　钰
12	《企业吸收能力与技术创新关系实证研究》	孙　婧
13	《统筹城乡发展背景下的农民工返乡创业研究》	唐　杰
14	《我国购买美国国债策略研究》	王　立
15	《我国行业反垄断和公共行政改革研究》	谢国旺
16	《我国农村剩余劳动力向城镇转移的制度约束研究》	王海全
17	《我国吸引和有效发挥高端人才作用的对策研究》	张　瑾
18	《系统重要性金融机构的识别与监管研究》	钟　震
19	《中国地区经济发展差距与地区生产率差距研究》	李晓萍
20	《中国国有企业对外直接投资的微观效应研究》	常玉春
21	《中国可再生资源决策支持系统中的数据、方法与模型研究》	代春艳
22	《中国劳动力素质提升对产业升级的促进作用分析》	梁泳梅
23	《中国少数民族犯罪及其对策研究》	吴大华
24	《中国西部地区优势产业发展与促进政策》	赵果庆
25	《主权财富基金监管研究》	李　虹
26	《专家对第三人责任论》	周友军

第四批《中国社会科学博士后文库》（2015年出版）		
序号	书　名	作　者
1	《地方政府行为与中国经济波动研究》	李　猛
2	《东亚区域生产网络与全球经济失衡》	刘德伟
3	《互联网金融竞争力研究》	李继尊
4	《开放经济视角下中国环境污染的影响因素分析研究》	谢　锐
5	《矿业权政策性整合法律问题研究》	郗伟明
6	《老年长期照护：制度选择与国际比较》	张盈华
7	《农地征用冲突：形成机理与调适化解机制研究》	孟宏斌
8	《品牌原产地虚假对消费者购买意愿的影响研究》	南剑飞

续表

第四批《中国社会科学博士后文库》（2015年出版）		
序号	书　名	作　者
9	《清朝旗民法律关系研究》	高中华
10	《人口结构与经济增长》	巩勋洲
11	《食用农产品战略供应关系治理研究》	陈　梅
12	《我国低碳发展的激励问题研究》	宋　蕾
13	《我国战略性海洋新兴产业发展政策研究》	仲雯雯
14	《银行集团并表管理与监管问题研究》	毛竹青
15	《中国村镇银行可持续发展研究》	常　戈
16	《中国地方政府规模与结构优化：理论、模型与实证研究》	罗　植
17	《中国服务外包发展战略及政策选择》	霍景东
18	《转变中的美联储》	黄胤英

第五批《中国社会科学博士后文库》（2016年出版）		
序号	书　名	作　者
1	《财务灵活性对上市公司财务政策的影响机制研究》	张玮婷
2	《财政分权、地方政府行为与经济发展》	杨志宏
3	《城市化进程中的劳动力流动与犯罪：实证研究与公共政策》	陈春良
4	《公司债券融资需求、工具选择和机制设计》	李　湛
5	《互补营销研究》	周　沛
6	《基于拍卖与金融契约的地方政府自行发债机制设计研究》	王治国
7	《经济学能够成为硬科学吗?》	汪毅霖
8	《科学知识网络理论与实践》	吕鹏辉
9	《欧盟社会养老保险开放性协调机制研究》	王美桃
10	《司法体制改革进程中的控权机制研究》	武晓慧
11	《我国商业银行资产管理业务的发展趋势与生态环境研究》	姚　良
12	《异质性企业国际化路径选择研究》	李春顶
13	《中国大学技术转移与知识产权制度关系演进的案例研究》	张　寒
14	《中国垄断性行业的政府管制体系研究》	陈　林

续表

第六批《中国社会科学博士后文库》(2017年出版)		
序号	书　名	作　者
1	《城市化进程中土地资源配置的效率与平等》	戴媛媛
2	《高技术服务业进口技术溢出效应对制造业效率影响研究》	华广敏
3	《环境监管中的“数字减排”困局及其成因机理研究》	董　阳
4	《基于竞争情报的战略联盟关系风险管理研究》	张　超
5	《基于劳动力迁移的城市规模增长研究》	王　宁
6	《金融支持战略性新兴产业发展研究》	余　剑
7	《清乾隆时期长江中游米谷流通与市场整合》	赵伟洪
8	《文物保护经费绩效管理研究》	满　莉
9	《我国开放式基金绩效研究》	苏　辛
10	《医疗市场、医疗组织与激励动机研究》	方　燕
11	《中国的影子银行与股票市场：内在关联与作用机理》	李锦成
12	《中国应急预算管理与改革》	陈建华
13	《资本账户开放的金融风险及管理研究》	陈创练
14	《组织超越——企业如何克服组织惰性与实现持续成长》	白景坤

《中国社会科学博士后文库》
征稿通知

为繁荣发展我国哲学社会科学领域博士后事业，打造集中展示哲学社会科学领域博士后优秀研究成果的学术平台，全国博士后管理委员会和中国社会科学院共同设立了《中国社会科学博士后文库》（以下简称《文库》），计划每年在全国范围内择优出版博士后成果。凡入选成果，将由《文库》设立单位予以资助出版，入选者同时将获得全国博士后管理委员会（省部级）颁发的“优秀博士后学术成果”证书。

《文库》现面向全国哲学社会科学领域的博士后科研流动站、工作站及广大博士后，征集代表博士后人员最高学术研究水平的相关学术著作。征稿长期有效，随时投稿，每年集中评选。征稿范围及具体要求参见《文库》征稿函。

联系人：宋　娜　主任

联系电话：01063320176；13911627532

电子邮箱：epostdoctoral@126.com

通讯地址：北京市海淀区北蜂窝8号中雅大厦A座11层经济管理出版社《中国社会科学博士后文库》编辑部

邮编：100038

经济管理出版社